障害児保育

新 基本保育シリーズ ⑰

監修
公益財団法人
児童育成協会

編集
西村 重稀
水田 敏郎

中央法規

新・基本保育シリーズ
刊行にあたって

　認可保育所を利用したくても利用できない、いわゆる「保育所待機児童」は、依然として社会問題になっています。国は、その解消のために「子育て安心プラン」のなかで、保育の受け皿の拡大について大きく謳っています。まず、2020年度末までに全国の待機児童を解消するため、東京都ほか意欲的な自治体への支援として、2018年度から2019年度末までの2年間で必要な受け皿約22万人分の予算を確保するとしています。さらに、女性就業率80％に対応できる約32万人分の受け皿整備を、2020年度末までに行うこととしています。

　子育て安心プランのなかの「保育人材確保」については、保育補助者を育成し、保育士の業務負担を軽減するための主な取り組みとして、次の内容を掲げています。

・処遇改善を踏まえたキャリアアップの仕組みの構築
・保育補助者から保育士になるための雇上げ支援の拡充
・保育士の子どもの預かり支援の推進
・保育士の業務負担軽減のための支援

　また、保育士には、社会的養護、児童虐待を受けた子どもや障害のある子どもなどへの支援、保護者対応や地域の子育て支援など、ますます多様な役割が求められており、保育士の資質および専門性の向上は喫緊の課題となっています。

　このような状況のなか、2017（平成29）年3月の保育所保育指針、幼稚園教育要領、幼保連携型認定こども園教育・保育要領の改定・改訂、2018（平成30）年4月の新たな保育士養成課程の制定を受け、これまでの『基本保育シリーズ』を全面的に刷新し、『新・基本保育シリーズ』として刊行することになりました。

　本シリーズは、2018（平成30）年4月に新たに制定された保育士養成課程の教科目の教授内容等に準拠し、保育士や幼稚園教諭など保育者に必要な基礎知識の習得を基本に、学生が理解しやすく、自ら考えることにも重点をおいたテキストです。さらに、養成校での講義を想定した目次構成になっており、使いやすさにも配慮しました。

　本シリーズが、保育者養成の現場で、保育者をめざす学生に広く活用されることをこころから願っております。

　　　　　　　　　　　　　　　　　　　　　　　　公益財団法人　児童育成協会

はじめに

　国連の障害者の権利に関する条約（障害者権利条約）が2013（平成25）年12月に参議院本会議で可決され、翌2014（平成26）年1月20日付で国連事務局により同条約への日本の批准(ひじゅん)が承認された。このことは、従来の障害に関連する法体系の整備はもとより、近年の障害者の定義の拡大と合理的配慮概念の導入（障害者基本法改正）、また、行政機関や事業者における障害を理由とする差別を解消するための措置(そち)が法律上明文化（障害を理由とする差別の解消の推進に関する法律（障害者差別解消法））されるなど、国内の障害者を取り巻く環境が大きく変革したことにより、日本における障害者の基本的人権の実現が国連条約の求める水準に到達したとみなされたととらえることができる。このように、日本は「障害者などが積極的に社会参加し貢献(こうけん)していく『共生社会』の構築」へと大きな一歩を踏み出した。

　ここにあげた、または本書でも解説している障害者関連の法律や支援体制は、支援対象が産声をあげてから、永続的に行われる。その大きな節目となるのが、本書のタイトルでもある「障害児保育」の開始、つまり保育所での生活といっても過言ではない。保育所や幼稚園というのは、子どもたちが家族以外で最初に出会う社会といえる。そこでは、保育者や教員、同年代の子どもたちとの濃密(のうみつ)な人間的かかわりが展開され、「三つ子の魂百まで」といわれるように、その後の人格形成の土台を築(きず)くきわめて重要な時期といえる。障害などのハンディをもつ子どもにとっては、そのことに気づいてもらえるか、そして適切な支援がなされるかという意味でも大切である。法律や障害概念、定義が変わったとしても、従来から指摘されている「障害の早期発見・早期療育」がその後の発達に大きく影響することに変わりはなく、この点で、障害の定義が拡大されている昨今、保育者の役割はこれまで以上に大きくなることが予想される。

　また、日本は本格的な少子高齢化社会を迎えているが、統計上、障害児の数は増加の一途をたどっており、保育者の障害児に対する専門的知識の必要性もよりいっそう高まっているといえる。

　本書「障害児保育」は、こうした社会における障害のとらえ方や保育ニーズの変遷(へんせん)に対応することを目的に、かつ、より具体的には、保育所保育方針の改定（2017（平成29）年3月改定、2018（平成30）年4月施行）と保育士養成課程の改正（2018（平成30）年4月改正）の2つへの対応を主眼としている。刊行にあたり、最新の法令や統計データ等を収載するよう務めるとともに、近年の社会や保育活動の動向にあわせた内容としている。養成課程の見直しに際して、内容的に統合された部分

もあるが、新たに保育対象として含まれた内容としては、重症心身障害児や医療的ケア児などの障害が重度な幼児の理解と支援に関することと、発達初期の愛着欠如や虐待・育児放棄などによる心理・社会的な原因で生じる情緒や発達上の問題をかかえる子どもの問題である。また、環境面の課題として障害児保育における子どもの健康と安全面に関する内容についても解説した。

　従来の障害児保育の対象はもちろんのこと、多様化し、重度化する障害児への保育・支援の課題を保育者はもとより、対象児を取り巻く人達が障害をより深く理解し、適切な支援に向けた取り組みが可能となるよう、各講においては、専門的知識をもつ著者陣ができるだけ具体的で実践的な演習をふんだんに取り入れながら15講に配された専門のテーマごとにわかりやすく解説をしている。養成課程の見直しと新設にともなって、障害児の療育実践の経験も豊かな著者陣を加え、充実した内容とすることができた。

　「障害児保育と乳児保育は保育所保育の基本である」とあるといわれる。その理由は、保育士は障害のある子どもの保育を実施する際、一人ひとりの発達特性の差異をとらえ、対象児の興味・関心の範囲を把握したうえでどのような経験が必要かを熟慮して接するが、このことは発達の著しい乳幼児に対する保育においても同じ姿勢が求められるという点にある。こうしたことから、障害児に向き合う保育士には、その基本的な資質とより深い専門性が問われる。本書が、現在、保育現場で障害児の支援に取り組んでいる現役の保育士や、保育士を志す学生諸氏にとって、少しでもお役に立てることを願っている。

2019年1月

西村重稀・水田敏郎

本書の特徴

- 3Stepによる内容構成で、基礎から学べる。
- 国が定める養成課程に準拠した学習内容。
- 各講は見開きで、見やすく、わかりやすい構成。

Step1 レクチャー

基本的な学習内容
保育者として必ず押さえておきたい
基本的な事項や特に重要な内容を学ぶ

Step3

現在の障害児保育における現状と課題

Step 1 と Step 2 では、「障害」とは何か、「障害」を客観的にとらえるための代表的な概念を整理したうえで、日本社会のなかで、障害のある子どもたちがどのような生活をし、社会によってどのような待遇をされてきたのか、その歴史をさかのぼりながら障害児保育の歴史的変遷をたどってきた。こうした日本における障害児保育の歴史的変遷を理解することは、現在の障害児保育の課題を明らかにし、今後の障害児支援施策や障害児支援のあり方について検討するうえで重要である。Step 3 では、Step 1 で取り上げた社会福祉基礎構造改革後の障害児を取り巻く社会の変容をさらに詳しく解説し、現在の障害児支援施設における保育、および保育所における障害児保育の現状と課題について考える。

現在の障害児・者を取り巻く社会とその変容

21世紀に入ると、障害児・者の権利保障に向けた取り組みが進められ、2006年には国連総会で障害者の権利に関する条約（障害者権利条約）が採択された。さまざまな政策分野において、障害を理由とする差別の禁止と合理的配慮（障害者がほかの者と平等にすべての人権等を享有・行使するために必要な調整等）を求めることの条約に、日本は2007（平成19）年に署名し、以降、同条約の締結に向けて国内法の整備が進められた（2014（平成26）年1月に批准）。

2011（平成23）年には障害者基本法が改正され、すべての国民が障害の有無にかかわらず尊重される共生社会の実現をめざすことや、合理的配慮の概念が盛り込まれました。同年には「障害者虐待の防止、障害者の養護者に対する支援等に関する法律（障害者虐待防止法）」が成立し、2013（平成25）年には、障害者基本法の ［...］ 別の解消の推進に関するさまざまな施策が総合的に進 ［...］ 法を障害者の日常生活及 ［...］ 援法）」とする法律改正 ［...］ 26）年から「障害程度区 ［...］ 支援区分」を導入するこ

その結果、これまでの障害児福祉施設は、それぞれが専門的知識と経験を蓄積し、障害児や保護者への支援のスタート地点としての役割を担ってきたが、今後は、どのような障害のある子どもでも、自分の住んでいる地域で専門的な療育を受けられる場として、さらに多様で、かつ総合的・継続的な支援を担うこととなった。

また、18歳未満の障害児を対象とした施設・事業は児童福祉法と障害者自立支援法の2つの法律に基づいて運営されてきたが、2012（平成24）年4月以降、児童福祉法に一本化された。従来の障害種類ごとの施設体系から利用形態別に再編された。つまり、これまでの通所サービスは「障害児通所支援」、入所サービスは「障害児入所支援」として利用形態別により一元化することになった。

また、障害児通所支援にかかる事務の実施主体については、都道府県から市町村に移行された。さらに、学齢期における支援の充実のための「放課後等デイサービス」と、保育所などを訪問し専門的な支援を行うための「保育所等訪問支援」が創設された。

2015（平成27）年には、「子ども・子育て支援新制度」が施行され、障害児支援の充実について示された。障害児支援は、一般施策と専門施策の2つの施策体系がある。一般施策はすべての子どもを対象とする施策における障害児への対応であり、専門施策は障害児を対象とする専門的な支援施策である。

一般施策は、市町村計画における障害児の受け入れ体制の明確化、優先利用など利用手続きにおける障害児への配慮、さまざまな施設・事業において障害児の受け入れを促進するための財政支援の強化や、障害児等の利用を念頭においた新たな事業類型の創設等により、障害児支援の充実を図ることが示された。専門施策は、通所支援・入所支援など施設・事業者が自ら行う障害児支援に加えて、一般施策をバックアップする「後方支援」として位置づけ、保育所等における障害児の支援に協力できるような体制づくりを進めることが強調された。

インクルーシブな保育や教育を実現していくためにも、地域の特性や実情に合わせながら柔軟な地域支援体制を整備し、並行通園の実施を推進するなど、児童発達支援事業所が近隣の保育所等と協力関係の構築（横の連携）をすることが重要である。また、児童発達支援を利用する就学前の子どもたちが、その後、地域の小学校等に入学するために、児童発達支援事業所と小学校等の連携（縦の連携）は必要不可欠である。特別なニーズをもつ子どもたちが、生涯にわたって地域で穏やかに過ごしていくためには、このような「横と縦のつながり」を強化していかなければならない。

Step3 プラスα

発展的な学習内容

近年の動向、関連領域の知識など、発展的な内容を学ぶ

Step2 プラクティス

演習課題と進め方

Step1の基本内容をふまえた演習課題で、実践に役立つ知識や考える力を養う

保育士養成課程——本書の目次
対応表

　指定保育士養成施設の修業教科目については国で定められており、養成課程を構成する教科目については、通知「指定保育士養成施設の指定及び運営の基準について」（平成15年雇児発第1209001号）において、その教授内容が示されている。

　本書は保育士養成課程における「教科目の教授内容」に準拠しつつ、授業で使いやすいよう全15講に目次を再構成している。

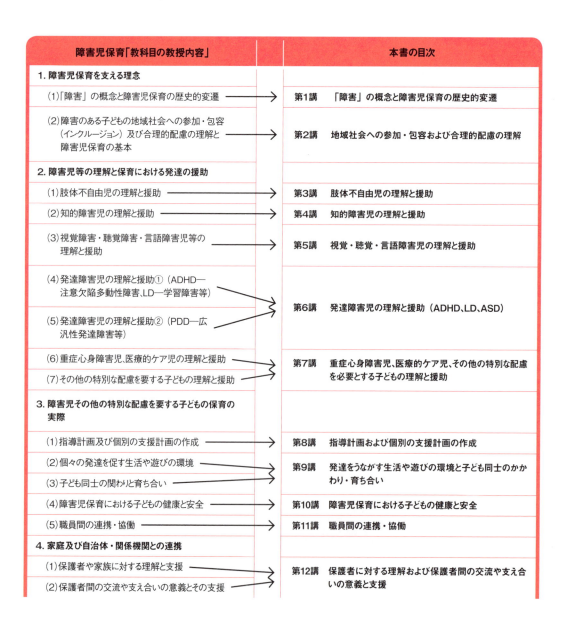

障害児保育「教科目の教授内容」	本書の目次
1. 障害児保育を支える理念	
(1)「障害」の概念と障害児保育の歴史的変遷	第1講　「障害」の概念と障害児保育の歴史的変遷
(2) 障害のある子どもの地域社会への参加・包容（インクルージョン）及び合理的配慮の理解と障害児保育の基本	第2講　地域社会への参加・包容および合理的配慮の理解
2. 障害児等の理解と保育における発達の援助	
(1) 肢体不自由児の理解と援助	第3講　肢体不自由児の理解と援助
(2) 知的障害児の理解と援助	第4講　知的障害児の理解と援助
(3) 視覚障害・聴覚障害・言語障害児等の理解と援助	第5講　視覚・聴覚・言語障害児の理解と援助
(4) 発達障害児の理解と援助①（ADHD—注意欠陥多動性障害、LD—学習障害等）	第6講　発達障害児の理解と援助（ADHD、LD、ASD）
(5) 発達障害児の理解と援助②（PDD—広汎性発達障害等）	
(6) 重症心身障害児、医療的ケア児の理解と援助	第7講　重症心身障害児、医療的ケア児、その他の特別な配慮を必要とする子どもの理解と援助
(7) その他の特別な配慮を要する子どもの理解と援助	
3. 障害児その他の特別な配慮を要する子どもの保育の実際	
(1) 指導計画及び個別の支援計画の作成	第8講　指導計画および個別の支援計画の作成
(2) 個々の発達を促す生活や遊びの環境	第9講　発達をうながす生活や遊びの環境と子ども同士のかかわり・育ち合い
(3) 子ども同士の関わりと育ち合い	
(4) 障害児保育における子どもの健康と安全	第10講　障害児保育における子どもの健康と安全
(5) 職員間の連携・協働	第11講　職員間の連携・協働
4. 家庭及び自治体・関係機関との連携	
(1) 保護者や家族に対する理解と支援	第12講　保護者に対する理解および保護者間の交流や支え合いの意義と支援
(2) 保護者間の交流や支え合いの意義とその支援	

(3) 障害児支援の制度の理解と地域における自治体や関係機関（保育所、児童発達支援センター等）の連携・協働 →	第13講　地域の専門機関との連携
(4) 小学校等との連携 →	第14講　小学校等との連携
5. 障害児その他の特別な配慮を要する子どもの保育に関わる現状と課題	
(1) 保健・医療における現状と課題 (2) 福祉・教育における現状と課題 → (3) 支援の場の広がりとつながり	第15講　福祉・教育における現状と課題

CONTENTS

新・基本保育シリーズ　刊行にあたって
はじめに
本書の特徴
保育士養成課程――本書の目次　対応表

第1講　「障害」の概念と障害児保育の歴史的変遷

Step1
1. 「障害」の概念 …… 2
2. 戦後の障害児保育の変遷 …… 3
3. 障害児保育の発展と充実――昭和40～50年代 …… 4
4. 現在の障害児保育 …… 6

Step2
演習1　障害児支援にかかわる法制度や出来事について調べ、年表を作成してみよう …… 8
演習2　自分が住んでいる地域に、どのような障害児支援サービスや施設があるのかを詳しく調べてみよう。さらに、自分が住んでいる地域以外の障害児支援サービスや施設と比較してみよう …… 10

Step3　現在の障害児保育における現状と課題 …… 12

COLUMN　戦前の障害児に対する保育や教育 …… 14

第2講　地域社会への参加・包容および合理的配慮の理解

Step1
1. 地域社会への参加・包容 …… 16
2. 合理的配慮とは …… 18

Step2
演習1　身の回りにある社会的障壁を知ろう …… 20
演習2　合理的配慮について考えよう …… 22

Step3　合理的配慮と障害児保育の基本 …… 24

第3講　肢体不自由児の理解と援助

Step1
1. 肢体不自由児とは …… 28
2. 肢体不自由の起因疾患 …… 29
3. 肢体不自由児の心理特性 …… 30
4. 肢体不自由児の保育におけるねらい …… 31

Step2	演習1 肢体不自由児の困難を体験してみよう	32
	演習2 肢体不自由児の実態把握を生活状況の構造化を通して行ってみよう	34
Step3	1. 障害理解のための演習課題で留意すべきこと	36
	2. 他機関との連携	37
	3. 肢体不自由児をめぐる教育の動向	37
COLUMN	肢体不自由のある未就学児の日中活動の場	38

第4講　知的障害児の理解と援助

Step1	1. 知的障害の理解	40
	2. 知的障害のある子どもの特徴	43
Step2	演習　知的障害のある子どもの立場に立って、保育の方法を考えてみよう	46
Step3	1. 知的障害のある子どもの支援	48
	2. 専門機関との連携	49
COLUMN	障害のある子どもを保育するということ	50

第5講　視覚・聴覚・言語障害児の理解と援助

Step1	1. 視覚障害とは	52
	2. 視覚障害の定義と分類	52
	3. 視覚障害児の特性と援助	52
	4. 聴覚障害とは	54
	5. 聴覚障害の分類	55
	6. 聴覚障害の特性と援助	56
	7. 言語障害とは	57
	8. 幼児期の主な言語障害と援助	57
	9. 重複障害について	59
Step2	演習1 視覚障害を体験してみよう──ブラインドウォーク	60
	演習2 聞こえにくさを体験してみよう	62
	演習3 「ゆっくり」「ゆったり」話すゲーム	63
Step3	感覚機能と発達	64

第6講　発達障害児の理解と援助（ADHD、LD、ASD）

Step1
1. 発達障害とは ……………………………………………………………… 68
2. ADHDとは ………………………………………………………………… 68
3. LDとは …………………………………………………………………… 69
4. ASDとは …………………………………………………………………… 69
5. 発達障害（ADHDやASD）の特性に応じた対応 ……………………… 70

Step2
演習1　保育室という環境には、どのような子どもの注意をひく刺激があるのかを考えてみよう ……………………………………………………… 72
演習2　保育者の語りに注意を集中させる工夫を考えよう ……………… 74

Step3
1. 発達障害と神経科学 ……………………………………………………… 76
2. 発達障害と二次障害 ……………………………………………………… 77

COLUMN 自閉症への新たな療育アプローチ …………………………………… 78

第7講　重症心身障害児、医療的ケア児、その他の特別な配慮を必要とする子どもの理解と援助

Step1 重症心身障害児・医療的ケア児・その他の特別な配慮を必要とする子どもとは …………………………………………………………………… 80

Step2
演習1　発達初期段階の発達評価の方法を知ろう ………………………… 86
演習2　代替コミュニケーションを知り、体験してみよう ……………… 88

Step3 重症心身障害児の心的反応を客観的にとらえる ……………………… 90

第8講　指導計画および個別の支援計画の作成

Step1
1. 指導計画とは ……………………………………………………………… 94
2. 個別の支援計画とは ……………………………………………………… 95
3. 個別の支援計画や指導計画に記載される内容 ………………………… 96

Step2
演習1　個別の支援計画や指導計画の様式を理解しよう ………………… 98
演習2　個別の支援計画や指導計画を作成してみよう ………………… 100

Step3
1. 個別の支援計画や指導計画を作成したあとの取り組み ……………… 102
2. 個別の支援計画や指導計画策定における課題 ………………………… 103

第9講 発達をうながす生活や遊びの環境と子ども同士のかかわり・育ち合い

Step1
1. 障害のある子どもにとっての環境への適応 …… 106
2. 身辺の自立に向けて …… 106
3. 障害のある子どもにとっての遊び …… 107
4. 人的環境としての保育者の役割 …… 108
5. 障害児保育の形態 …… 108

Step2
- 演習1 生活動作を分解してみよう …… 112
- 演習2 子どもたちが取り組む遊びの意味を考えてみよう …… 113
- 演習3 子ども同士のかかわり・育ち合いのために重要なことを、事例を通して考えてみよう …… 114

Step3
1. 問題行動をどのようにとらえるか …… 118
2. 保育所・幼稚園・認定こども園と専門施設の違い …… 119

第10講 障害児保育における子どもの健康と安全

Step1
1. 障害児保育における健康と安全 …… 122
2. 障害児の健康支援上の問題 …… 122
3. 障害児の安全管理上の問題 …… 124
4. 障害児における健康と安全の学び …… 125

Step2
- 演習1 障害児の健康問題にはどのようなものがあるか調べてみよう …… 126
- 演習2 障害児の行動特性をふまえて安全のために必要な配慮を考えよう …… 128

Step3 医行為と障害児保育 …… 130

第11講 職員間の連携・協働

Step1
1. 連携・協働とは …… 134
2. 保育所保育指針における障害のある子どもの保育について …… 134
3. 職員間の連携・協働 …… 136
4. 保護者との連携・協働 …… 137
5. 関係機関との連携・協働 …… 138
6. 地域との連携・協働 …… 139

| Step2 | 演習 発達障害のある子どもについて、関係者はどのように連携・協働したらよいか考えてみよう | 140 |
| Step3 | 保育所保育指針における連携・協働に関する記載内容の変遷 | 144 |

第12講　保護者に対する理解および保護者間の交流や支え合いの意義と支援

Step1	1. 障害のある子どもの保護者や家庭に対する支援の必要性	148
	2. 子どもの障害に向き合うこころの変化の過程	148
	3. 障害のとらえ方の相違	150
	4. 保護者や家庭に対する支援の方法	150
Step2	演習 事例をもとに、障害のある子どもの保護者を支援するための姿勢や具体的な方法について考えてみよう	152
Step3	1. 当事者同士の交流や支え合い	156
	2. ほかの保護者との関係性	156
	3. きょうだいへの支援	157
COLUMN	ペアレント・プログラム	158

第13講　地域の専門機関との連携

Step1	1. なぜ地域の専門機関との連携が必要なのか	160
	2. 地域にどのような専門機関があるのか	161
	3. 地域の専門機関との連携の方法	163
Step2	演習1　地域の専門機関を知ろう	164
	演習2　専門機関との連携の現状を知ろう	166
Step3	1. 地域の専門機関との連携の課題	168
	2. 保育所への巡回指導の実際	169

第14講　小学校等との連携

- **Step1**　幼稚園・保育所から小学校へ就学するにあたって 172
- **Step2**　演習1　行動を客観的に観察・分析してみよう 178
  　　　　演習2　リソースルームを設計してみよう 180
- **Step3**　就学支援の実際——K小学校の取り組み事例の紹介 182
- **COLUMN**　三位一体の就学支援 184

第15講　福祉・教育における現状と課題

- **Step1**　1. 障害に対する理念の変化 186
  　　　　2. 障害児を取り巻く制度の変化 186
- **Step2**　演習　自閉症スペクトラム障害の診断を受けた園児に対する、保育所としての対応と地域機関との協力体制を考えてみよう 192
- **Step3**　障害児施設と保育所の連携と地域ネットワークの構築 194
- **COLUMN**　障害を理由とする差別の解消の推進に関する法律(障害者差別解消法) 196

参考資料

- 1. 保育所と児童発達支援の1日の流れ 198
- 2. 障害特性別にみた障害児の就学前通園施設の環境設備 199

索引
企画委員一覧
編集・執筆者一覧

第1講

「障害」の概念と障害児保育の歴史的変遷

本講では、「障害」や障害児を理解するための代表的な「障害」の概念を紹介し、障害のある子どもたちがどのように生活し、社会からどのような待遇を受けてきたのか、その歴史的変遷をたどる。Step1では、「障害」の概念としてICIDHとICFを概説し、Step2では、障害児に関連する法制度や地域のサービスについて演習形式で学ぶ。そしてStep3では、新しい障害児保育に関する施策について概観し、現在の障害児保育における課題について考える。

Step 1

1.「障害」の概念

　「障害」とは何か。「障害」や障害児を理解するためには、「障害」がどのような基準で分類・定義されているのか、「障害」を客観的にとらえるために「障害」の概念を整理しておく必要がある。

　「障害」を表す概念の1つに、国際的に提示された1980年の世界保健機関（World Health Organization：WHO）による「国際障害分類」（International Classification of Impairments, Disabilities, and Handicaps：ICIDH）がある。このICIDHの意義は、これまで基準が漠然としていた「障害」について概念的に明らかに示したことにある。さらに、病気と「障害」を区別して分類し、社会的不利（Handicap）を「障害」の構造として3つのレベル（生物レベル・個人レベル・社会レベル）のなかに位置づけた。しかし、**図表1-1**のような一方向の作用によるとらえ方が、「個人の機能・形態障害が能力障害を引き起こし、その結果、社会的不利が生じる」と考えられた。また、その人の心身の機能・形態障害が「障害」の原因であると考えられ（＝個人モデルあるいは医学モデル）、社会や環境による影響が考慮されていなかった。

　その後、WHOは2001年に「国際生活機能分類」（International Classification of Functioning Disability and Health：ICF）を新しく提案した（**図表1-2**）。ICFでは、「障害」から「生活機能」の分類に変わり、生活機能の3つの生活レベルとして、「心身機能・身体構造（Body Functions & Structures）」「活動（Activities）」「参加（Participation）」が示され、それらが互いに影響し合うという、双方向の作用によるものとした。また、「障害」の発生の過程において、個人因子だけではなく、環境因子を含む考え方となり、これまでの病気や「障害」を「個人（医学）モデル」と社会や環境の影響だととらえる「社会モデル」と二分したとらえ方ではなく、両者を統合した「統合モデル」となった。

　「障害」の程度や分類に心身機能・身体構造、活動、参加という用語を用いることで、「障害」のある人の機能不全や能力低下のみに視点をあてたり、教育などの専門性や取り組みが、機能や能力の改善や克服に偏ったりするのではなく、学校、家庭、地域で生活している人として、その生活の場での活動、参加から障害のある人を理解し、支援していく必要性（前川，2008）を強調しているといえる。障害児保育においても、こうした「障害」のとらえ方を基盤にして、子どもの「障害」の理解や支援に向かうことが重要である。

図表1-1 ICIDH：WHOによる国際障害分類（1980年）の障害構造モデル

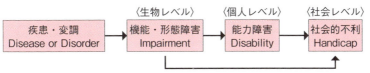

出典：厚生省仮訳『WHO国際障害分類試案』厚生統計協会，1984. を一部改変。

図表1-2 ICF：国際生活機能分類（2001年）の生活機能分類モデル

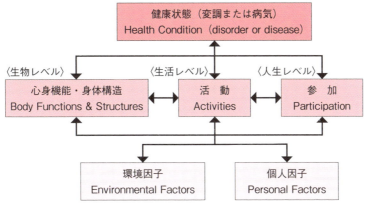

出典：障害者福祉研究会編『ICF国際生活機能分類——国際障害分類改定版』中央法規出版，p.17, 2002. を一部改変。

2. 戦後の障害児保育の変遷

戦後の障害児保育——昭和20〜30年代

　第2次世界大戦敗戦後は、生活物資不足と生活破壊に襲われ、必然的に栄養不良児や結核児、身体障害児の発現や食糧不足による子どもの発育低下など、多くの問題が引き起こされることとなった。こうした背景から日本の社会は、さまざまな側面でめまぐるしい変化をとげた。特に、法制度が新しく制定され、教育や福祉の制度も整いはじめた。

　1946（昭和21）年には日本国憲法が公布、翌年の1947（昭和22）年には学校教育法、教育基本法、および児童福祉法が公布された。

　学校教育法、教育基本法で普通学校（小学校・中学校）の義務教育化がされ、同時に学校教育法には「盲学校、聾学校又は養護学校は、それぞれ、盲者、聾者又は精神薄弱（現在の知的障害）、身体不自由その他心身に故障のある者に対し教育等

を行う」旨（むね）が規定された。その後、1961（昭和36）年の改正で養護学校の対象者の明確化が図られた。また、都道府県に盲・聾・養護学校の設置義務が課されるほか、盲・聾・養護学校の小学部・中学部への就学義務が規定された。

　児童福祉法では、保育所などとともに、精神薄弱児施設（1998（平成10）年に知的障害児施設に改称）と療育施設が児童福祉施設として定められた。1957（昭和32）年の児童福祉法の改正にともない、新たに精神薄弱児通園施設が設置された。対象は原則6歳以上の就学義務を猶予あるいは免除された知的障害児らだった。1963（昭和38）年には、肢体不自由児施設（したいふじゆうじしせつ）に通園施設が併設され、翌年の1964（昭和39）年には、重度の知的障害と重度の身体的障害を併せもつ「重症心身障害児」が入所する施設が新設された。

　このように、昭和30年代から障害児福祉施設の数が著しく増加したが、これらはすべて6歳以上の学齢期の子どもを対象としており、乳幼児を受け入れている施設はなかった。つまり、就学以降の学齢期の子どもに比べると、乳幼児期の子どもの保育や福祉への関心は薄かった。

3. 障害児保育の発展と充実──昭和40〜50年代

障害児保育の広がり──「保育元年」

　昭和40年代までは、わずかな実践を除いて、障害児は社会的に教育や保育の対象とはされていなかった[*1]。

　障害児保育が全国的に広がりはじめたのは昭和40年代後半から昭和50年代のことである。特に、1974（昭和49）年は、以下のような背景から障害児保育にとって重要な年と位置づけられ、「保育元年」と呼ばれている。

　1974（昭和49）年、厚生省（現・厚生労働省）により「障害児保育事業実施要綱」が通知され、障害児を保育所に受け入れて保育することが国によって正式にみとめられた。また、同じ年に私立幼稚園での障害児保育に対する助成金交付も開始された。

　また、それまでは6歳以上の不就学児（就学義務を猶予あるいは免除されてきた子ども）を対象にしていた精神薄弱児通園施設では、6歳未満の子どもも受け入れることを国がみとめた。

---

*1　茂木俊彦『障害児保育論』さ・さ・ら書房，1975.

こうした制度の変更は、国が障害児の保育の場を施設だけでなく、保育所や幼稚園にも広げるという画期的なものであり、その後、全国的に障害児保育が広まっていく契機となった。また、障害児が保育の対象となり、障害のある乳幼児への施策が徐々に進んでいった。

障害児保育の充実――昭和50年代

昭和50年代には、障害児・者に対する考え方が、世界的に大きく動きはじめた。

1976年の第31回国連総会において、1981年を「国際障害者年」とすることが決議された。障害の有無によって差別されないノーマライゼーション（normalization）の理念のもとに、障害児・者の問題に取り組むことが各国に求められ、多くの国に影響を与えた。

その1つとして、日本では長年棚上げ状態になっていた「養護学校の義務化」が、1979（昭和54）年に施行され、ようやく盲・聾・養護学校の義務化が完了した。1947（昭和22）年以降、養護学校の義務化は、各都道府県における整備の不十分さを理由に実質的に先延ばしにされてきた。そのため知的障害や肢体不自由のある子どもたちは、「就学免除」や「就学猶予」という名のもとに教育の対象から除外された状態だった。その後、盲・聾学校には大幅に遅れたものの、1973（昭和48）年の「学校教育法中養護学校における就学義務及び養護学校の設置義務に関する部分の施行期日を定める政令」により、昭和54年度から名実ともに「養護学校の義務化」が実施されることとなった。

また、障害児保育においても、1978（昭和53）年に新たな障害児保育の方針が打ち出され、「中程度の障害のある子どもまで受け入れること」「指定保育所方式を廃止すること」「障害のある子どもの人数に応じて一定額の助成を行うこと」等があらためられた。これまでの障害児保育の対象となる子どもは、国の方針の要件に合わず、保育所に通園できる障害のある子どもの数はそれほど多くなかった。こうした障害児保育の施策における問題点も再確認され、新しい方針による障害児保育がスタートした。

ノーマライゼーションと障害児保育

1981年の「国際障害者年」を契機に、障害者が社会生活および社会の発展に完全に参加すること、障害がない人々と平等な生活を営むこと等の「機会の均等化」を目的として、世界各国で積極的な取り組みが行われるようになってきた。つまり、世界がノーマライゼーションの実現に向けて動き出したのである。

ノーマライゼーションとは、1960年代（日本は高度経済成長期のころ）に北欧諸国からはじまった理念の１つである。デンマークの社会運動家バンク-ミケルセン（Bank-Mikkelsen, N. E.）によりはじめて提唱され、スウェーデンのニィリエ（Nirje, B.）によって世界中に広められた。

　保育にかかわるノーマライゼーションの考えの中心は、「障害児を排除（はいじょ）するのではなく、障害があっても周囲の子どもたちと同じように生活できるような社会こそがノーマルな社会なのである」というものである。つまり、障害児をありのまま受け止め、ともに生きていくことができる社会を正常な社会とした。

　日本の障害児保育においても、こうしたノーマライゼーションの考えを基盤とし、障害のある子どもを含むどのような子どもにとっても生きやすい環境を提供していくことが求められてきた。

4. 現在の障害児保育

社会福祉基礎構造改革と障害児保育（障害児福祉サービス）

　障害のある子どもの育ちや生活を支える日本社会のシステムは、平成の時代を迎えて数年の間で大きく変化した。1993（平成5）年には、心身障害者対策基本法（1970（昭和45）年制定）の改正により、障害者施策の基本となる「障害者基本法」が制定された。

　1999（平成11）年には、社会福祉制度の構築がはじまり、2000（平成12）年に社会福祉法（旧・社会福祉事業法）が成立した。これにより日本の障害児・者に対する福祉サービスでは、「行政が行政処分によりサービス内容を決定する措置（そちせいど）制度」から「利用者が事業者と対等な関係に基づきサービスを選択する利用制度」（支援費制度）に変更され、2003（平成15）年に施行された。障害児へのサービスでは「児童居宅介護等事業」「児童デイサービス事業」「児童短期入所事業」がその対象となった。

　2005（平成17）年には、支援費制度が見直され、新たなサービス利用制度を定めた「障害者自立支援法」が成立し、障害児に対する福祉サービスは同法に基づいて行われることとなった。その後、同法は数次の改正を経て、2012（平成24）年には「障害者の日常生活及び社会生活を総合的に支援するための法律（障害者総合支援法）」へと改正された。この過程のなかで障害児への福祉サービスは児童福祉法に基づいて行うこととされ、サービスの拡充も図られている。

現在の障害児保育の流れ──「分離保育」から「統合保育」へ

　昭和50年代の障害児保育の発展により、保育所や幼稚園における障害児の受け入れが進んでいくなかで、保育方法や実践が検討されるようになり、日本の障害児保育は、「分離された保育」から「場を共有する統合保育（インテグレーション：integration）」、やがて「包括的な統合保育（インクルージョン：inclusion）」がめざされるようになっていった。

　インテグレーションとは、隔離・分離されていた障害児と健常児の場を統合するという考え方であり、障害児が健常児に無理に適応させられるなどの問題が生じた。

　そこで、インテグレーションに代わる理念として注目されるようになったのがインクルージョンという考え方で、すべての子どもを社会の一員として一緒に包み込み、必要な支援を保障しようとするものである。すべての子どもを一人ひとりのニーズに応じて支援することこそが、本来の統合保育であり、ノーマライゼーションの実現に近づく方法であると考えられた。

　こうしたインクルーシブな保育をめざすなかで、保育や教育の現場では、「気になる子ども」をめぐる課題が取り上げられるようになった。「気になる子ども」の定義は明確ではない。何らかの障害があるとの医学的診断がなく、年齢にふさわしい発達とは異なる姿がみられる場合や保育のなかで気になる点や困る点がある子どもたちが存在する。このような子どもの支援に関する実践や研究が盛んに行われている。

　また、2004（平成16）年には発達障害者支援法が成立し、生活のしづらさをかかえているにもかかわらず、身体的な障害や知的な障害がないために障害者認定がされず、支援が受けられずにいた人々の救済がはじまった。

　さらに、2006（平成18）年には学校教育法が改正され、特別支援教育が開始された。障害の程度に応じて指導を行う「特殊教育」から、障害のある子ども一人ひとりのニーズに応じて適切な教育的支援を行う「特別支援教育」に変わった。また、2016（平成28）年に「障害を理由とする差別の解消の推進に関する法律」が施行された。こうした背景により、すべての学校において、障害のある子どもの支援がさらに充実していった。

　保育の領域においても、身体的な障害や知的な障害がないにもかかわらず生活困難を示す発達障害の子どもなど、「特別なニーズをもつ子ども」の保育や支援について考えていかなければならない。

Step2

演習1　障害児支援にかかわる法制度や出来事について調べ、年表を作成してみよう

課題

① 戦前から社会福祉基礎構造改革後までの障害児にかかわる法制度や出来事を整理し、日本における障害児保育の歴史的変遷(れきしてきへんせん)について学ぶ。
② 障害児にかかわる法制度や出来事の歴史をたどりながら、障害児福祉施設の種類や障害児支援サービスの内容について学ぶ。
③ ノーマライゼーション（normalization）やインクルージョン（inclusion）など、「障害」にかかわる理念やその考え方について学び、現在の日本がめざす障害児保育のあり方について考える。

進め方

（1）準備するもの

インターネットが使用できる環境を整え、厚生労働省のホームページやCiNii（NII学術情報ナビゲータ）の学術情報データベースを活用して、関連する文献などを検索しておく。

図表1-3に示すような年表を準備する。表を準備するにあたって、表の作成は手書きでもよいが、調べた情報をできるだけ詳しく記入できるように、パソコンの表作成ソフトなどを活用することが望ましい。図表1-3は、戦前から保育元年（1974（昭和49）年）までについてまとめた表である。図表1-3と同じように、「保育元年から昭和50年代」「社会福祉基礎構造改革から現在」の表（太枠以降）を準備する。調べる項目は、障害児保育や障害児支援にかかわる法制度、障害児保育や障害児支援にかかわる出来事とする。

（2）方法

① 図表1-3の確認と補足を行う。戦前から戦後昭和40年代までの障害児保育や障害児支援にかかわる法制度、および障害児保育や障害児支援にかかわる出来事を本講の内容と照らし合わせながら、その年代と内容を確認する。その際、インターネットや文献・資料などで調べ、新しい情報は補足として記入する。
② 保育元年（1974（昭和49）年）から昭和50年代までの年表を作成する。本講の内容を確認しながら、障害児保育や障害児支援にかかわる重要な法制度につい

Step2 プラクティス

図表1-3 障害児保育・障害児支援にかかわる法制度や出来事の年表

	年代	障害児保育や障害児支援にかかわる法制度	障害児保育や障害児支援にかかわる出来事
戦前	1878（明治11）年		京都にて盲唖院の開設
	1879（明治12）年	自由教育令	（障害児の教育のための規定なし）
	1880（明治13）年	改正教育令	（　　〃　　）
	1886（明治19）年	第1次小学校令	疾病・家計困窮・その他やむをえない事故の場合は就学猶予
	1890（明治23）年	第2次小学校令	貧窮・疾病・その他やむをえない事故の場合は就学猶予あるいは免除
	1891（明治24）年		石井亮一により滝乃川学園を創設
	1900（明治33）年	第3次小学校令	・病弱または発育不完全は就学猶予 ・瘋癲白痴（現在の「知的障害」）または不具廃疾（現在の「重度の障害」）は就学免除
	1921（大正10）年		柏倉松蔵により柏学園を創設
	1923（大正12）年	盲学校及聾唖学校令	
	1937（昭和12）年	保健所法（現・地域保健法）	全国39か所に保健所が設置される
		母子保護法	・保健サービスの導入など施策の拡大 ・母子の保護や不良防止の対策
	1941（昭和16）年	国民学校令	・病弱・発育不全・その他やむをえない事由は就学猶予 ・瘋癲白痴・不具廃疾は就学免除
戦後	1946（昭和21）年	日本国憲法公布	
	1947（昭和22）年	学校教育法公布 教育基本法公布	・普通学校（小学校・中学校）の義務教育化 ・病弱・発育不全その他やむをえない事由は就学猶予あるいは免除
		児童福祉法公布	保育所などとともに精神薄弱（現在の知的障害）児施設と療育施設が児童福祉施設としてまとめられる
	1948（昭和23）年	学校教育法・教育基本法一部改正	盲学校・聾学校の義務教育化
		身体障害者福祉法制定	(2006（平成18）年に「障害者自立支援法」（現・障害者の日常生活及び社会生活を総合的に支援するための法律（障害者総合支援法））に改正)
	1951（昭和26）年	児童憲章の制定	「すべての児童は、身体が不自由な場合、または精神の機能が不十分な場合に、適切な治療と教育と保護が与えられる」
	1957（昭和32）年	児童福祉法一部改正	精神薄弱（現・知的障害）児通園施設の設置
	1960（昭和35）年	知的障害者福祉法	精神薄弱者福祉法から改正
	1963（昭和38）年	児童福祉法一部改正	肢体不自由児施設に通園児童療育部門新設
	1964（昭和39）年	児童福祉法一部改正	重症心身障害児施設の設置
	1970（昭和45）年	心身障害者対策基本法	(1993（平成5）年に「障害者基本法」に改正)
	1972（昭和47）年	児童福祉法一部改正	心身障害児通園事業
演習	1974（昭和49）年	障害児保育事業実施要綱	障害がある子どもを保育所に受け入れて保育することが国によって正式にみとめられた

※上部の年表を参考にして、昭和50年代以降の年表を作成してみよう。

第1講 「障害」の概念と障害児保育の歴史的変遷

て、その年代と内容を記入する。本講で取り上げられていない法制度や出来事についても、厚生労働省やその他関連するホームページ、文献や資料から障害児保育や障害児支援にかかわると考えられたものをすべて入力する。
③ ②と同じように、社会福祉基礎構造改革（2000（平成12）年）から現在までの年表を作成する。

> **演習 2** 自分が住んでいる地域に、どのような障害児支援サービスや施設があるのかを詳しく調べてみよう。さらに、自分が住んでいる地域以外の障害児支援サービスや施設と比較してみよう

課題

① 自分が住んでいる地域の県と市町村について、地域が行っている障害児支援サービスや施設を調べ、その種類、利用対象の要件、目的や内容を整理し、把握する。
② 複数の地域における障害児支援サービスや施設について整理し、地域間の共通点や相違点を明らかにする。
③ 現在ある障害児支援サービスや施設について整理したうえで、障害のある子どもや支援を必要とする子どもの多様なニーズに応えうる保育や支援のあり方について考える。

進め方

（1）準備するもの

　自分が現在住んでいる地域を含み、自分が調べる地域（実習先の地域、過去に住んでいた地域、就職を考えている地域、その他調べてみたい地域等）を2つ選定する。インターネットが使用できる環境を整え、各ホームページを閲覧できるようにしておく。
　表を準備するにあたって、表の作成は手書きでもよいが、調べた情報をできるだけ詳しく記入できるように、パソコンの表作成ソフトなどを活用することが望ましい。**図表1-4**に示すような表を準備する。調べる項目は、サービス・施設名、事業の種類、サービス・施設の目的や内容の3項目とする。

（2）方法

① ホームページを活用した方法：自分が住んでいる地域の都道府県および市町村のホームページのうち、障害児・者に関係する情報が掲載されているページをすべて閲覧し、どのような項目にどのような内容の情報が開示してあるかを確認する。障害児・者に関係する情報のうち、障害児にかかわる情報を抽出する。図表1-4のように障害児支援サービス・施設について、サービス・施設名、事業の種類、サービス・施設の目的や内容についてまとめる。情報が掲載されていない項目は空欄にしておく。自分が住んでいる地域の表を完成させたあと、自分が住んでいる地域以外で選定した地域について、自分が住んでいる地域と同様に都道府県および市町村それぞれのホームページを閲覧し、表のようにまとめる。

② その他の方法：ホームページの情報には地域によって差があるため、表に記入できない欄もある。その場合、都道府県や市町村による資料や施設が発行しているパンフレット、検索した参考文献などから得た情報を記入する。また、資料や文献でも情報が見つからない場合で、県庁や市役所、障害児福祉施設でフィールドワーク（現場へ訪問して、観察をしたり、聴き取りをしたりして調査する方法）が実施できる場合は、フィールドワークによる調査を行ってもよい。

図表1-4 地域Aの障害児支援サービス・施設の一覧（作成例）

施設名	事業の種類	目的や内容
総合支援センターなかよし園・教室	福祉型児童発達支援センター事業	発達上の支援を必要とする乳幼児の療育を目的として、親子または単独で通園を実施する。月曜から金曜までのうち、毎日または週2日程度通園での療育を実施。バス送迎あり。
NPO法人児童デイサービスきぼう	児童発達支援事業	乳幼児から学童の障害をもっている子どもたちが、個々人に適した自立をめざし、心身ともに健やかに成長し、社会生活に順応できるよう支援する。自由な遊びや会話の場面を通じて子どもの言語やコミュニケーション能力を高めていく。
子ども療育センター親子療育たんぽぽ	児童発達支援事業	発達に心配のある子どもとその保護者が、親子で一緒に遊びながら、家庭以外の場所で豊かな刺激を受け、生活空間を広げ、よりよい親子関係がもてるように支援を行う。未就園児が対象。
子ども療育センターさくら	相談支援事業	障害のある子ども、またはその疑いのある子どもと、その家族の相談に応じ、必要な情報提供や助言、児童発達支援事業所との連絡調整を総合的に行う。また、障害福祉サービスを適切に利用することができるよう、子どもや家族のニーズと状況を考えてサービス利用計画を作成する。

Step 3

現在の障害児保育における現状と課題

　Step 1 と Step 2 では、「障害」とは何か、「障害」を客観的にとらえるための代表的な概念を整理したうえで、日本社会のなかで、障害のある子どもたちがどのような生活をし、社会によってどのような待遇をされてきたのか、その歴史をさかのぼりながら障害児保育の歴史的変遷をたどってきた。こうした日本における障害児保育の歴史的変遷を理解することは、現在の障害児保育の課題を明らかにし、今後の障害児支援施策や障害児支援のあり方について考えるうえで重要である。Step 3 では、Step 1 で取り上げた社会福祉基礎構造改革後の障害児を取り巻く社会の変容をさらに詳しく解説し、現在の障害児福祉施設における保育、および保育所における障害児保育の現状と課題について考える。

現在の障害児・者を取り巻く社会とその変容

　21世紀に入ると、障害児・者の権利保障に向けた取り組みが進められ、2006年には国連総会で障害者の権利に関する条約（障害者権利条約）が採択された。さまざまな政策分野において、障害を理由とする差別の禁止と合理的配慮（障害者がほかの者と平等にすべての人権等を享有・行使するために必要な調整等）を求めるこの条約に、日本は2007（平成19）年に署名し、以降、同条約の締結に向けて国内法の整備が進められた（2014（平成26）年1月に批准）。

　2011（平成23）年には障害者基本法が改正され、すべての国民が障害の有無にかかわらず尊重される共生社会の実現をめざすことや、合理的配慮の概念が盛り込まれました。同年には「障害者虐待の防止、障害者の養護者に対する支援等に関する法律（障害者虐待防止法）」が成立し、2013（平成25）年には、障害者基本法の差別の禁止の基本原則を具体化した「障害を理由とする差別の解消の推進に関する法律（障害者差別解消法）」が成立した。

今後の障害児保育・障害児支援のあり方

　現在、障害者の自立支援および社会参加に向けて、さまざまな施策が総合的に進められている。2012（平成24）年には、「障害者自立支援法を障害者の日常生活及び社会生活を総合的に支援するための法律（障害者総合支援法）」とする法律改正が行われ、障害者の定義への難病等の追加や、2014（平成26）年から「障害程度区分」に代わって必要な支援の度合いを総合的に示す「障害支援区分」を導入することなどが定められた。

その結果、これまでの障害児福祉施設は、それぞれが専門的知識と経験を蓄積し、障害児や保護者への支援のスタート地点としての役割を担ってきたが、今後は、どのような障害のある子どもでも、自分の住んでいる地域で専門的な療育を受けられる場として、さらに多様で、かつ総合的・継続的な支援を担うこととなった。

また、18歳未満の障害児を対象とした施設・事業は児童福祉法と障害者自立支援法の2つの法律に基づいて運営されてきたが、2012（平成24）年4月以降、児童福祉法に一本化された。従来の障害種別ごとの施設体系から利用形態別に再編された。つまり、これまでの通所サービスは「障害児通所支援」、入所サービスは「障害児入所支援」として利用形態別により一元化することになった。

また、障害児通所支援にかかる事務の実施主体については、都道府県から市町村に移行された。さらに、学齢期における支援の充実のための「放課後等デイサービス」と、保育所などを訪問し専門的な支援を行うための「保育所等訪問支援」が創設された。

2015（平成27）年には、「子ども・子育て支援新制度」が施行され、障害児支援の充実について示された。障害児支援は、一般施策と専門施策の2つの施策体系がある。一般施策はすべての子どもを対象とする施策における障害児への対応であり、専門施策は障害児を対象とする専門的な支援施策である。

一般施策は、市町村計画における障害児の受け入れ体制の明確化、優先利用など利用手続きにおける障害児への配慮、さまざまな施設・事業において障害児の受け入れを促進するための財政支援の強化や、障害児等の利用を念頭においた新たな事業類型の創設等により、障害児支援の充実を図ることが示された。専門施策では、通所支援・入所支援など施設・事業者が自ら行う障害児支援に加えて、一般施策をバックアップする「後方支援」として位置づけ、保育所等における障害児の支援に協力できるような体制づくりを進めることが強調された。

インクルーシブな保育や教育を実現していくためにも、地域の特性や実情に合わせながら柔軟な地域支援体制を整備し、並行通園の実施を推進するなど、児童発達支援事業所が近隣の保育所等と協力関係の構築（横の連携）をすることが重要である。また、児童発達支援を利用する就学前の子どもたちが、その後、地域の小学校等に入学するために、児童発達支援事業所と小学校等の連携（縦の連携）は必要不可欠である。特別なニーズをもつ子どもたちが、生涯にわたって地域で健やかに過ごしていくためには、このような「横と縦のつながり」を強化していかなければならない。

参考文献

- 長崎勤・前川久男編著『障害科学の展開⑤ 障害理解のための心理学』明石書店，2008．
- 柴崎正行「わが国における障害幼児の教育と療育に関する歴史的変遷について」『東京家政大学研究紀要42集』第1号，p.122，2002．
- 中村満紀男・荒川智編『障害児教育の歴史』明石書店，2003．
- 河合隆平・高橋智「戦前の恩賜財団愛育会愛育研究所『異常保育室』と知的障害児保育実践の展開」『東京学芸大学紀要1部門』第56号，pp.179～199，2005．
- 茂木俊彦『障害児保育論』さ・さ・ら書房，1975．
- 渡部信一・本郷一夫・無藤隆編著『障害児保育』北大路書房，2009．
- 堀智晴・橋本好市編著『障害児保育の理論と実践――インクルーシブ保育の実現に向けて』ミネルヴァ書房，2010．
- 障害者福祉研究会編『ICF 国際生活機能分類――国際障害分類改定版』中央法規出版，2002．
- 内閣府「子ども・子育て支援新制度 地方自治体担当者向け説明会配布資料」2015．

COLUMN　戦前の障害児に対する保育や教育

　日本で最初の障害児保育は、1878（明治11）年に京都に開設された盲唖院だといわれている。知的障害のある子どもの教育は児童福祉施設にゆだねられ、その先駆となったのは、1891（明治24）年に石井亮一によって創設された滝乃川学園である。その後、1909（明治42）年に脇田良吉による白川学園、1911（明治44）年に川田貞治郎による日本心育園、1916（大正5）年に岩崎佐一による桃花塾等の福祉施設が創設された。柏倉松蔵は、治療を受けながら教育も受ける「学校での治療」を実現するために、1921（大正10）年に、日本最初の肢体不自由児施設として柏学園を創設した。

（水野友有）

第2講

地域社会への参加・包容および合理的配慮の理解

本講では、特別な配慮が必要な子どもを保育所等で受け入れる際の基本的なスタンスについて学ぶ。

Step1では、なぜ地域社会への参加・包容（インクルージョン）が重要なのか、インクルージョンを進める際に必要となる合理的配慮について理解する。Step2では、身近な社会的障壁を知り、合理的配慮を具体的に考える。Step3では、インクルーシブ保育の基本となる合理的配慮の視点を学ぶ。

Step 1

1. 地域社会への参加・包容

障害のある人が包容される社会とは

　障害のある人が、障害のない人と同じように地域社会のあらゆる活動に参加できるようになることは権利であり、これまでも障害のある人のあるべき姿として掲げられてきた。2008（平成20）年に「障害者の権利に関する条約」が発効されて以降は、地域社会への「包容」が謳われるようになった。地域社会への「包容」とは障害のある人がそのままの姿で受け入れられ、障害のない人とともに暮らす当たり前の社会（共生社会）の実現をめざすものである。「包容」の原語は「インクルージョン（inclusion）」であり、「含まれる」や「包み込まれる」という意味があり、障害のある人個人ではなく、社会全体のありようを示した理念である。

　障害児保育は、現在「インクルーシブ保育」と呼ばれ、障害のある子どもも障害のない子どもとともに育ち合う保育をめざしている。インクルージョンはありのままの姿の受け入れであり、障害のある子どもがあらゆる保育活動に参加できるようにするためには環境側にさまざまな配慮（合理的配慮）が必要になってくる。したがって、保育者は子どもに障害の有無ではなく、どのような配慮をすればよいのかという視点をもつことが重要になってくる。

　現在、保育現場には障害のある子どもに限らず、いろいろな保育ニーズをかかえる子どもたちが入所しており、総称して配慮を必要とする子どもと表現することが一般的になってきている。

障害のある人が包容される社会の実現をめざす障害者基本法

　障害者の権利に関する条約が2006年12月に国連総会において採択され、2008（平成20）年5月に発効された。日本は2014（平成26）年1月の批准に先立ち、障害者基本法の改正や、障害を理由とする差別の解消の推進に関する法律（障害者差別解消法）および障害者虐待の防止、障害者の養護者に対する支援等に関する法律（障害者虐待防止法）の制定が行われた。また、このほかにも障害者の日常生活及び社会生活を総合的に支援するための法律（障害者総合支援法）の改正など、障害のある人の権利を守るための法整備が進められた。

　そのなかでも2011（平成23）年6月に改正された障害者基本法は、障害者施策全般の方向性を示す羅針盤のような役割があり、①「障害者」の社会・生活モデル化、②地域社会における共生、③差別の禁止、④その他、教育（インクルーシブ教育シ

ステムの構築）や療育（必要に応じ適切な発達支援が受けられること）、医療、国際貢献などについて規定されている。

（1）「障害者」の社会・生活モデル化

障害者基本法で障害者は、「障害及び社会的障壁により継続的に日常生活又は社会生活に相当な制限を受ける状態にあるもの」と定義されている。この定義の特徴は、①障害者を生活のしづらさという視点（生活モデル）でとらえていること、②生活のしづらさを障害と社会的障壁との相互作用としてとらえていること（社会モデル）、③障害者を社会的障壁の除去等により変化しうる「状態」としてとらえていることである。つまり、身体障害などを有するという個人的要因のみをもって障害者とするのではなく、社会的障壁という社会的（環境的）要因によって規定される社会のあり方を含めた定義である。

社会的障壁は段差などの物理的なバリアだけでなく、偏見などのこころのバリアなども含まれ、子どもの障害や特性に合わない保育環境や保育者のかかわりも含まれる。保育者自身の「障害観」も障害のある子どもの保育に大きく影響することを自覚しておく必要がある。これら社会的障壁の除去や合理的配慮の提供が、障害児保育（インクルーシブ保育）にはとても重要な視点となる。

（2）地域社会における共生

障害者基本法の目的は、「全ての国民が、障害の有無によって分け隔てられることなく、相互に人格と個性を尊重し合いながら共生する社会を実現する」ことである。そのためには、すべての障害者が「社会を構成する一員として社会、経済、文化その他あらゆる分野の活動に参加する機会が確保され」（参加）、「可能な限り、どこで誰と生活するかについての選択の機会が確保され、地域社会において他の人々と共生することを妨げられない」（共生）と規定されている。共生社会の実現には、子どものころから地域社会に包容されることが重要であり、障害児保育（インクルーシブ保育）の果たす役割は大きい。

（3）差別の禁止

障害者基本法の差別の禁止条項に基づき障害者差別解消法（2016（平成28）年4月施行）が制定され、障害があることを理由にして地域社会への参加を妨げること（差別）を禁止している。このことは保育所等においても同様で、障害があることを理由に入所を拒否することはできない。2016（平成28）年6月に改正された児童福祉法では、喀痰吸引や経管栄養が必要な子どもや人工呼吸器などの医療機器をつけた子ども、いわゆる「医療的ケア児」への支援が法的に位置づけられたことにより、保育現場では医療的ケア児の受け入れも始まっている。医療的ケアが必要

な子どももほかの子どもたちと同じようにさまざまな保育活動に参加ができることは、障害のある子どもだけでなく、障害のない子どもたちの成長においても有意義なことである。保育所においては、医療的ケアに限らず配慮が必要な子どもを受け入れることは容易なことではなく、職員の加配や専門機関との連携など障害や特性に応じた物理的、人的環境を整備することが求められる（合理的配慮）。また、医療的ケア児の受け入れにあたっては、看護職員の配置や保育者が喀痰吸引などの研修を受けるなどして対応する必要があるが、それらは配慮が必要な子どもを受け入れる保育所側の努力だけではなく、補助金など制度面でのサポートが不可欠である。

2. 合理的配慮とは

障害児支援における保育と障害児保育（インクルーシブ保育）の共通点

　障害のある子どもへの保育は、保育所だけで行われているわけではない。障害児の福祉サービスである児童発達支援（医療型児童発達支援を含む）や居宅訪問型児童発達支援は、児童福祉法において保育士の配置が規定されている。厚生労働省が発出した「児童発達支援ガイドライン」（2017（平成29）年7月）では、保育所保育指針を参考に保育の観点が強く反映されている。機能訓練など短時間提供の場合もあるが、多くは「養護」を大切にした生活ベースの支援である。

　障害児支援において大切にされている視点として、①幼児期にふさわしい生活、②環境を通して行う教育・保育、③生活や遊びを通しての総合的な学び、④一人ひとりの発達の特性に応じた支援、⑤安心感や信頼感に支えられた生活があげられる。ただし、これらは障害児支援に特化したものではなく、保育所等すべての子どもの支援に共通する部分である。形態としては、障害のない子どもと分離している障害児支援ではあるが、支援の根底はつながっているとみることが重要である。

　2014（平成26）年に厚生労働省において開催された「障害児支援の在り方に関する検討会」の報告書では、障害児支援の機能として「地域社会への参加・包容を子育て支援において推進するための後方支援としての専門的役割の発揮」が明記された。障害児支援から保育所等への移行を容易にするためには、支援方法などをていねいに引き継ぐ必要があり、保育所等に移行後も保育所等訪問支援などを活用しながら、保育所等と障害児支援機関が継続的につながっていくことが求められる。保育所等としては、障害児支援から移行する子どもについて、①どのような子どもな

のか（障害や特性、得意なことと苦手なことなど）、②その特性に対してどのような支援をしてきたのか（合理的配慮など）、③支援した結果どういうことができるようになったのか（どのような支援があればできるのか）などの情報を確実に収集することが大切である。

社会的障壁と合理的配慮について

　障害児保育（インクルーシブ保育）を実践するためには、社会的障壁の除去と合理的配慮が不可欠である。

　社会的障壁とは、障害者基本法第2条では、「障害がある者にとって日常生活又は社会生活を営む上で障壁となるような社会における事物、制度、慣行、観念その他一切のもの」と定義され、①物理的障壁（情報等の障壁を含む）、②心理的障壁（慣行、観念を含む）、③制度的障壁などに大別される。

　合理的配慮は、障害者の権利に関する条約第2条で「障害者が他の者との平等を基礎として全ての人権及び基本的自由を享有し、又は行使することを確保するための必要かつ適当な変更及び調整であって、特定の場合において必要とされるものであり、かつ、均衡を失した又は過度の負担を課さないもの」と定義されている。また、障害者差別解消法第7条第1項で「障害を理由として障害者でない者と不当な差別的取扱いをすること」を禁じたうえで、同条第2項で「障害者から現に社会的障壁の除去を必要としている旨の意思の表明があった場合において、その実施に伴う負担が過重でないときは、（中略）社会的障壁の除去の実施について必要かつ合理的な配慮をしなければならない」と定められている。つまり、合理的配慮は、個々の場面において必要としている社会的障壁を除去するための取り組みであり、特に障害のある子どもの場合はその障害の特性に応じて行われるべき個別性の高いものである。例えば、車いすを使用する子どもに対して、入口の段差をなくしたり、音声言語の理解が苦手な子どもに絵カードやサインで伝えるといった配慮である。合理的配慮は、個々の子どもの困難さに対して行われるものであるが、実はすべての子どもにやさしい配慮である。

Step 2

演習 1　身の回りにある社会的障壁を知ろう

課題

① 障害のある人の社会参加を困難にしている社会的障壁を理解するために、身の回りにある社会的障壁を探し、なぜそのようになっているのか理由を考える。
② 障害のある人に対する偏見など自分のこころのなかにある心理的障壁に気づく。
③ 制度的障壁に関連して、障害があることを理由に国家資格や免許等の付与を制限できる法律の条項について知る。

進め方

（1）準備するもの

記入用紙（**図表2-1**）、必要に応じて車いすなど。なお、一般に行われている社会的障壁とそれに対する配慮の一例を**図表2-2**に示したので、適宜参照すること。

（2）方法

① 身近な地域にある社会的障壁を探そう。

社会的障壁のうちの物理的障壁について、学校内にある段差や障害物の状況を確認してみる。可能であれば、実際に車いすに乗るなど障害の疑似体験を通して、地域の歩道、ショッピングセンター、駅などにある物理的障壁を探してみよう。また、心理的障壁について、レストランなどのお店を訪ね、身体障害者補助犬（盲導犬や介助犬等）を連れた障害のある人が来店したときの対応について尋ねる。

なお、演習1では**図表2-1**の中欄「状態・状況と想定される困難」のみ記入する。

② 自分のこころのなかにある心理的障壁（偏見など）がないか考えてみよう。

自分のこころのなかに、障害に対するネガティブな印象や偏見、差別的感情がないか素直にみつめてみよう。

③ 制度的障壁について知ろう。

現在、日本の法律では、障害があることのみを理由に、資格や免許を与えないという規定（絶対的欠格）は2009（平成21）年に撤廃されている。しかし、一部の法律では、障害の状態によっては、資格付与を制限できる規定（相対的欠格）も残っている。ここでは、次の3つの資格・免許について、心身の障害に関する

Step2 プラクティス

欠格条項（相対的欠格）の有無およびその内容を確認する。
(ア)　保育士（児童福祉法第18条の5）
(イ)　医師（医師法第4条）
(ウ)　自動車運転免許（道路交通法第90条）

図表2-1 身近にある社会的障壁

社会的障壁の種類	状態・状況と想定される困難（演習1）	改善するための方法（演習2）
物理的障壁	例：道路と歩道の間に3cmの段差があり、車いすでは乗り越えられない	例：段差をなくすために、段差部分を削る
心理的障壁		
制度的障壁		

図表2-2 社会的障壁・合理的配慮の例

種類	社会的障壁の例	合理的配慮の例
物理的障壁	車いすを使用すれば自由に移動可能な身体障害（下肢）の人が、段差のため一人で駅を利用できない	・段差の解消（段差自体の解消、スロープやエレベーターの設置等） ・駅で介護者を用意する
心理的障壁	定期通院や服薬をすれば社会生活を送ることができる人に精神障害（統合失調症）があることがわかり、アパートからの退去を求められた	・精神障害のことがわからず漠然と「怖い」という印象をもっているようなら、精神障害を正しく理解してもらうためにパンフレットや医師による説明会を実施する
制度的障壁	視覚障害（全盲）のある人が、盲導犬を連れてレストランを利用しようとしたが、店員から衛生上の問題と他の客に迷惑をかけるなどの理由から盲導犬を連れての入店を断られた	・左記のような事案に対応するため、身体障害者補助犬法が2002（平成14）年5月に成立。身体障害者補助犬（盲導犬、介助犬、聴導犬）を連れての入店を拒んではいけないことを店員に周知する ・ほかの客にわかるよう補助犬入店可能のシールを入り口に貼付する

第2講　地域社会への参加・包容および合理的配慮の理解

演習 2　合理的配慮について考えよう

課題

① 演習1で抽出した社会的障壁に対して、どうしたら改善できるかを考えよう。

② 実際の保育で生じやすい場面を例題に、合理的配慮を考えてみよう。

進め方

（1）準備するもの

演習1で用いた記録用紙（**図表2-1**）、演習2で用いる記録用紙（**図表2-3**：想定場面のみ記入されていて、中欄および右欄は空白）。

（2）方法

① 身近にある社会的障壁を解消するための方策（合理的配慮）を考える。

　演習1で探した社会的障壁に対してどうしたら改善できるかを考えて、記録用紙（**図表2-1**）の右欄「改善するための方法」に記入しよう。

② 保育場面で生じやすい困難さに対して障害特性に合った合理的配慮を考える。

　実際の保育で生じやすい場面を例題にして、なぜそうなるのかを考えたうえで、合理的配慮を考えてみよう。その際、**第6講**に掲載されている障害特性を参考にするとよい。

③ 振り返り

　記入が終わったら、複数人で共有し、子どもから見てわかりやすい環境設定やかかわり方の工夫（合理的配慮）について話し合う。

　検討にあたっては、以下の項目で整理するとよい。

・発達段階や特性をふまえること（特に発達障害）

・園の方針やルール、大多数に合わせることにとらわれすぎないこと（できる範囲で）

・できることから工夫すること（刺激を取り除く工夫、声かけの工夫など）

・配慮の対象とならない子にもわかりやすいこと（ユニバーサルデザイン）

・教材場面を工夫すること（わかりやすい場面に変更・製作する）

・配慮の対象とならない子に、特別な配慮をどう説明するか

・チーム支援のために、ほかの保育者にも協力を得られるものであること

Step2 プラクティス

図表2-3　実施の保育場面で生じやすいシチュエーション

想定場面	なぜそうなるのだろう	考えられる合理的配慮
騒がしくないときでもいつも耳をふさいでいる	例：音に敏感で、小さな音でもうるさく感じる	例：イヤーマフを購入して、聴覚刺激を減らして（減音）はどうか
好きな鉄棒の順番を待てず、トラブルになる		
隣の部屋の声が気になり、先生の話を聞けず、離席してしまう		
言われたことはできるが「廊下(ろうか)は走ってはいけません」と伝えても守らない		

第2講　地域社会への参加・包容および合理的配慮の理解

Step 3

合理的配慮と障害児保育の基本

　近年、保育現場では障害のある子どもや、障害があるとはいえないが発達に偏りやゆっくりさのある子ども（いわゆる「気になる子ども」）、適切な養育を受けられず情緒面に課題のある子どもなど、「配慮が必要な子ども」が増えている。ここでいう配慮とは主に合理的配慮を指している。Step 3 では、合理的配慮をベースとした障害児保育（インクルーシブ保育）の基本的態度について理解を深める。

合理的配慮と「障害者差別解消法」

　保育所等における合理的配慮は、障害のある子どもと障害のない子どもがともに育ち合うために必要な実践である。そもそも合理的配慮は、差別の禁止という文脈で使われることが多く、平成28年度に施行した「障害を理由とする差別の解消の推進に関する法律（障害者差別解消法）」では、差別の解消のため「差別的取扱いの禁止」と「合理的配慮の提供」が規定された。

　「障害者差別解消法」はもともと「障害者差別禁止法」という名称で検討されていたが、最終的に「解消法」となったのは、わが国には現に差別が存在している事実をみとめたということを意味している。われわれのこころのなかにも差別的観念などがないか、素直にみつめてみることが大切である。

　虐待も差別と同様に権利侵害であり、養育者（保育士を含む）がその権限を乱

図表2-4 差別の種類と必要な配慮

差別の種類	具体例	考えられる対応・配慮
差別的取り扱い（する差別）	保育所への入所を拒否する	人的配置を整えて入所を許可する
	危険だから運動会を欠席させる	安全にできる競技を設定する
	合奏が乱れるという理由で、うまく吹けないから笛の口をテープでふさぐ	子どもができそうな楽器を補助員が付いて演奏を補助する
合理的配慮の不提供（しない差別）	段差があるため車いすを使用する子どもが入所できない	段差を解消し、スロープを設置する
	目で見ればわかる子どもに対して言葉だけの教示なので子どもが活動に参加できない	絵カードも加えて教示する、待つ場所をマーキングしておくなど
	聴覚過敏の子どもに対して特別扱いになるからという理由でイヤーマフ装着をみとめない	イヤーマフ等の感覚過敏をやわらげるグッズの使用をみとめる

用して生命や人格等を脅かす行為を指すが、差別は社会参加や活動等において障害のある人が障害のない人と同じ扱いをされないことをいう。「障害者差別解消法」は、障害のある子どもも障害のない子どもと同じようにさまざまな活動に参加できるように社会を変えていく法律であり、法律の理念のもと、保育所等においても障害のある子どもを積極的に受け入れていく必要がある。

障害児保育（インクルーシブ保育）と合理的配慮

障害のある子どもなど特別な配慮が必要な子どもの保育は、単に障害のある子どもと障害のない子どもの集団を統合すればよいというわけではない。なぜなら、単純な統合は、逆に障害のある子どもにとって混乱や不適応を助長し、二次的問題も生じやすくなるからである。したがって、障害児保育（インクルーシブ保育）は包容（インクルージョン）と合理的配慮をセットで提供されなければ意味がない。

（1）合理的配慮は、環境整備である

合理的配慮は、個々の子どもに対して設定される環境整備である。環境整備の目標は、子どもが自分で気づき、わかり、主体的に環境にはたらきかけ、積極的に参加できるようにしていくことにある。環境整備の考え方は、障害児保育に特有のものではないが、整備のあり方や設定の方法には個々の障害や特性に応じた工夫が必要となる。そうした意味では、通常の保育の原則をベースにしつつ、専門的な合理的配慮を行うことができるよう、障害児支援などを行う専門機関と綿密に連携していくことが大切である。

（2）合理的配慮は、個別支援である

合理的配慮は個別の配慮であり、個別支援である。そのため、障害児保育を実施する際に作成される個別支援計画に記載していくことになる。保育者は、配慮が必要な子どもが、①何につまずいているのか、②どのような困難があるのか、③どういった理由から生じているのかを、個人的要因（障害特性など）と環境要因（保育環境や保育者のかかわりなど）から推測し、④改善するにはどのようにしたらよいかを一人ひとりていねいにみていく必要がある。

（3）合理的配慮は、すべての子どもに有効である

このような個々の子どもに合わせたていねいな合理的配慮の視点は、障害のある子どもに限らず、すべての子どもの保育の質を高めることにつながる。絵カードでの教示など一人の子どもに提供した合理的配慮が、ほかの子どもにとってもわかりやすい環境になり、クラス全体のまとまりが向上することはよくあることである。

参考文献

- 野村茂樹・池原毅和編『Q&A障害者差別解消法——わたしたちが活かす解消法 みんなでつくる平等社会』生活書院, 2016.
- 内閣府「平成28年4月1日から障害者差別解消法がスタートします！」2013.
- 内閣府「「合理的配慮」を知っていますか？」2013.
- 厚生労働省社会・援護局障害保健福祉部「今後の障害児支援の在り方について（報告書）——「発達支援」が必要な子どもの支援はどうあるべきか」2014.
- 厚生労働省社会・援護局障害保健福祉部「児童発達支援ガイドライン」2017.

第3講

肢体不自由児の理解と援助

　本講では、肢体不自由児の保育に必要な知識の習得を目的とする。まず、肢体不自由の概念、臨床像、起因疾患、心理特性について学び、その保育のねらいを理解し、肢体不自由についての体験演習を通して、その実態把握の仕方をICF（国際生活機能分類）の観点で学ぶ。さらには保育における他機関との連携の必要性と、肢体不自由児をめぐる教育の動向について知る。

Step 1

1. 肢体不自由児とは

肢体不自由の概念

　肢体不自由とは、文字通り四肢（上肢、下肢）、体幹（いわゆる胴体）が不自由、つまり程度の差こそあれ、通常のようには動かせない（機能不全の）状態が永続的であることを表す。用語としては、昭和のはじめに高木憲次（東京帝国大学教授、整形外科医、整肢療護園、日本肢体不自由児協会創設者）によってkrüppel［独］（cripple［英］）の訳語として提唱された。福祉制度上は、知的障害者が「療育手帳」の交付を受けるのに対して、肢体不自由者の場合は、「身体障害者手帳」の交付を受ける。これによって、障害別に1級（重度）から6級（軽度）までの等級が決定される。等級は医療を受ける際の負担分や、日常生活用具の給付・貸与といった在宅サービス等の基準となる。身体障害者福祉法第4条には、「「身体障害者」とは、別表に掲げる身体上の障害がある18歳以上の者であって、都道府県知事から身体障害者手帳の交付を受けたものをいう」とある（なお、18歳未満の者についても手帳の申請は可能である）。上記別表には肢体不自由のほか、視覚障害、聴覚または平衡機能の障害、音声機能、言語機能または咀嚼機能の障害、心臓、腎臓または呼吸器の機能の障害等が規定されている。身体障害者というと国際シンボルマーク（いわゆる車いすマーク）を思い出すかもしれないが、「身体障害」すなわち「肢体不自由」ではない。身体障害者福祉法、身体障害者福祉法施行規則の別表には肢体不自由の定義、程度が示されているので確認してほしい。

　一方、教育領域では学校教育法施行令第22条の3において、肢体不自由のうち、①補装具の使用によっても歩行、筆記等日常生活における基本的な動作が不可能または困難な程度のもの、②肢体不自由の状態が①に掲げる程度に達しないもののうち、常時の医学的観察指導を必要とする程度のものを特別支援学校の教育対象にすると定められている。つまり、肢体不自由でも日常生活における基本的動作に問題がなければ、特別支援学校や通常の学校の特別支援学級の教育対象とはならない。

　以上から読み取れるように、肢体不自由児の状態像は幅広い。詳細は次に述べる。

肢体不自由児の臨床像

　肢体不自由児の実際の様子（臨床像）は、おおむね**図表3-1**のような項目の組み合わせとして表現できる。

　特に知的障害は軽度から最重度まで広く重複しうるものであり、重複する頻度

図表3-1　肢体不自由児の臨床像

身体面	① 姿勢段階（寝たきり～立位）と姿勢変換の程度 ② 移動手段（寝たきり、寝返り、ずり這い・四つ這い等、車いすによって自ら移動できない者・移動できる者、ウォーカー利用、杖利用、自立歩行、等） ③ 上肢機能の程度（まったく使えない～問題なし） ④ 運動麻痺の有無とある場合の部位および質（筋緊張異常＝低緊張、過剰緊張）とその程度 ⑤ 感覚麻痺の程度と範囲 ⑥ 身体の変形等の異常（側彎、拘縮、股関節脱臼等）の有無 ⑦ 呼吸機能の程度（気管切開の有無、レスピレータ利用の有無、浅く弱い呼吸で喘鳴、問題なし、等） ⑧ 嚥下・摂食の程度（経管栄養、胃瘻、ミキサー食、液体のとろみづけ、介助の必要性の程度＜全介助～自力で食べることができる＞、等） ⑨ 排泄の状況（便秘の有無と薬の利用、導尿の必要性＜自己／介助＞） ⑩ てんかんや水頭症、心臓病などの合併症の有無
精神面	⑪ 知的障害や感覚障害（軽～重度）、自閉症スペクトラム障害等の有無（他障害の重複状況） ⑫ 「見え」（斜視などの眼位異常、視野欠損、低視力、視知覚障害等の結果として）、「聞こえ」（聴力低下、入力の程度の左右差等の結果として）、それらの優位性（聴覚優位、視覚優位） ⑬ 意思表出の程度（ほとんど表出なし、快・不快の表現、発声、舌出しなど保有する運動機能を利用した表現、１・２語文、話せる、構音障害等の有無と程度、等） ⑭ 記憶力、学習力の程度

も高い。これは肢体不自由の原因となる疾患（起因疾患）のうち、脳疾患が多いためである。近年は、障害の重度化が進んでいるが、一方で起因疾患として最も多い脳性麻痺には、比較的軽度な者が増えている傾向がある。

2. 肢体不自由の起因疾患

起因疾患の概要

　肢体不自由の起因疾患には、脳に関するもの（脳性麻痺など）、脊髄に関するもの（二分脊椎など）、末梢神経（運動神経）に関するもの（脊髄性筋萎縮症など）といった神経系に関するもののほか、筋肉に関するもの（進行性筋ジストロフィーなど）、骨や関節に関するもの（骨形成不全症など）がある。
　人の随意運動は、脳から命令が出て、脊髄を降りていき、末梢神経を介して筋肉に伝えられる。筋肉が収縮すると、筋肉が付着している骨が引っ張られ、関節の動きが生じる。以上のように、疾患によってどの部位に問題をきたしても、結果として人の意思に基づく運動（随意運動）が困難になる。

各疾患の概要

　最もポピュラーなのは痙直型脳性麻痺児である。わが国の低出生体重児の割合は、2017（平成29）年には全出生児の9.4％に及んでいる（人口動態統計）。低出生体重児は脳性麻痺の発症リスクが高く、神経症状を残した結果、痙直型脳性麻痺となることも少なくない。痙直型の特徴は、何かをしようとすると、筋肉が緊張して固まってしまい、うまく動かせないというものである。これは上肢よりも下肢に強くみられやすい（両麻痺）。症状が重いと四肢麻痺となり、全身に強く表れる。

　二分脊椎は先天的な脊椎・脊髄の形成不全であり、多くは腰にみられるため、下肢の麻痺や膀胱直腸障害がある（形成不全の程度によって症状の程度もさまざまである）。脊髄性筋萎縮症（SMA）にはいくつかの疾患があるが、Ⅱ型（中間型）は幼児期発症でⅠ型が重篤であるのに比べると軽症であり、歩行したりすることが困難な程度である。筋ジストロフィーにはいくつか疾患があるが、例えば日本で発見された福山型先天性筋ジストロフィーは、早期発症で知的障害があるのが特徴である。SMAは神経、筋ジストロフィーは筋の異常が原因で、筋が萎縮する疾患である。その他にも骨がもろく骨折しやすい骨形成不全症などがある。

3. 肢体不自由児の心理特性

　肢体不自由児の多くは、誕生時より運動障害があり、その状態で環境と相互作用しながら発達していく。この点は、能力を獲得したあとに損傷を受けた、いわゆる中途障害と質的に異なると考えられる。具体的には、何かに興味をもったとしてもはたらきかけることができないため、能動的に環境にはたらきかけようとする意欲が育ちにくい。また、例えばピアジェ（Piaget, J.）のいう同化や調節の経験にとぼしくなる結果、概念の発達、コミュニケーション面の発達などが制約を受けやすい。

　臨床像（図表3-1）に示したような視覚にかかわる困難がみとめられやすい痙直型脳性麻痺児は、ウェクスラー式の児童用知能検査で言語性知能（VIQ）はよくても動作性知能（PIQ）に劣ることが知られている。つまり、耳から入る情報に基づく知識や言語理解はよくても、積み木の模様を見本と同じようにつくるといった視覚や動作をともなうものが難しい場合がある（彼らは聴覚優位で耳からの情報に頼ることが多い。ただし、言語理解は体験をともないにくく表面的、一面的な場合がある）。運動は、それ自体で成立しているわけではない（例えば、歩くために歩

く人はいない)。運動とは、個体が環境から情報を受け取り、環境にはたらきかける、その能動性・主体性の具体的な表れをいうのである。したがって、その制約の程度や知的機能、周囲の人の対応の質等とのかねあいによってその後の心理特性が決定される。特にその後を決定づける就学前の乳幼児期は大切であり、子どもの興味関心を引き出すあるいは損なわないようにして、環境にはたらきかけようとする能動性を育てるような周囲の大人のかかわりが肝要である。

　一方、肢体不自由児は、特に対人的側面において受け身の性格傾向を示すことが指摘されている。新生児のときにはだれもが保護する者の世話を受けるわけだが、肢体不自由児はそのまま世話を受け続ける結果、受け身になりやすいのである。このような意味においても、周囲の人が先回りしてやってしまったり、何をすべきか指示してしまったりしないように留意する必要がある。

4. 肢体不自由児の保育におけるねらい

　教育の分野では「自立活動」という指導領域があり、子どもの障害による学習上、生活上の困難にアプローチする必要がある。一方で、保育では障害そのものの改善等というよりは、そのベースとしてその後に必要となる子どもの能動的、主体的、ひいては自立的な環境へのかかわりを育てることをめざしたい。

　ICF（国際生活機能分類）モデルにあてはめてみると、環境因子としての環境条件を整え、個人因子としての主体性等を高めることにあたるだろう。これによって、医療機関での機能訓練（「心身機能・身体構造」や「活動」へのアプローチ）や自立活動の効果を最大限に高めることが期待できる。

　具体的には、子どもが「したい」「やってみたい」と思う活動を設定する。そのためには皆と同じようには「できない」が、"少しの支援"で「できる」活動である必要がある。"少しの支援"とは、子どもが「しよう」としたときに、困難にしている身体的・運動的部分（例えば、わずかにしか身体を動かすことができないため対象に手を伸ばせないなど）に対して最小限の支援を行う（例えば、あとわずかに自分で動かせば届くところまで、子どもの腕を伸ばそうとする意思に合わせて少しずつひじを押して手を対象に近づけてあげるなど）ことをいう。

Step 2

演習 1　肢体不自由児の困難を体験してみよう

課題

　肢体不自由について、体験をしてみることで本人の側に立った理解を深めよう。
① 　身体の不自由さそのものの体験：身体の動きを制限して不自由さを体験する。ⓐ下肢のみ（対麻痺：二分脊椎などを想定）、ⓑ上下肢とも（両麻痺ないし四肢麻痺：脳性麻痺を想定）について行う。
② 　不自由さを補うための装具等を利用するうえでの困難の体験：車いすを利用するうえでの困難を体験してみる。ⓐ下肢のみ（対麻痺）、ⓑ上下肢とも（両麻痺／四肢麻痺）について行う。

　上記の2つの課題について、大きく、次の観点に基づき体験的に考察する。
⑦ 　本人の側面：自力でしようとした場合に、何ができて何が難しいか。
④ 　環境の側面：どのような援助が必要か。どのような装具や装置等の工夫でできるか。どのようなことがバリアとなりどうするとバリアが減るか。

進め方

　危険には十分注意して、けが、事故のないようにすること。そのため、本人役に加え、介助者役の2名体制で行うようにする。実施に際しては責任を負うことのできる者の同意を得たうえで、同人の監督のもと実施するようにすること。障害のある本人ではないことを明示しないで道路や商業施設等を利用して体験実習する場合は、明示しないことによって生ずる倫理的問題に配慮すること（明示すると本来の他者の反応を得られない可能性があるため、明示しないで実施するほうが望ましいが、その際は上記の点に留意する必要がある）。

（1）準備するもの
① 　やや幅広でやわらかめの紐状の物（自転車のチューブでもよい）、大きめのタオル（500mLのペットボトルでもよい）、定規などの弾力のある棒状の物。関節を固定するための紐がやわらかいのは体をいためず負荷がかかったときにある程度関節が動いて力を逃がせるようにするためである。弾力がある棒を使用するのは同様に負荷がかかったときに力を逃がせるようにするためである。
② 　車いす。その他、筆記用具等、必要なもの。

(2) 方法

① 体験項目の作成

まず、保育においてどのような場面があるかリストアップし、それぞれ課題の⑦、⑦について気づいたことを書き込むためのシートを作成する。その際に、移動に関するもの（課題②）とそれ以外（課題①）とを分ける。例：課題①は手を洗う／玄関で靴に履き替える／はさみで紙を切る、課題②は部屋から庭に出る／トイレに入る／玄関から部屋へ移動するなど。

② 準備

まず不自由な状態をつくる。ⓐ下肢のみ（対麻痺）の場合は、股・膝・足関節を棒でまたぐようにそえてこれを紐で縛って固定し、下肢が伸びて曲がりにくくするとともに、両下肢を縛り開きにくくする（**図表3-2**）。ⓑ上下肢とも（両麻痺ないし四肢麻痺）の場合は、ⓐに加えて両上肢について、ひじ・手関節を曲げた状態で紐で縛って固定し、上肢が曲がってからだに押しつけられた状態にする。手のひらに巻きつけるように紐を縛り、そこから伸ばした紐の一方を上腕に同様に巻きつけて縛る。このとき、手関節とひじ関節が曲がった状態になるようにする。次に、脇の下にタオルを丸めてはさむようにして、腕が下りないようにする（タオルを紐で固定するとよい）（**図表3-3**）。

③ 課題の実施

①の項目について、車いすに乗り、ⓐ、ⓑの各状態で体験してみる。実際に保育所で行う必要はない。ⓑについては車いすを自力で操作できないため、介助者

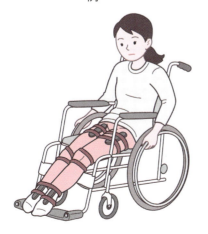

図表3-2 対麻痺の体験準備例

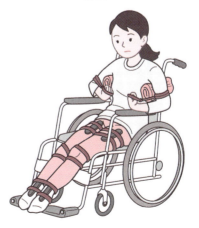

図表3-3 四肢麻痺の体験準備例

に押してもらう。必要に応じて、介助を受ける。課題①と②は同時並行で実施する（例：課題②として外から玄関に入り、課題①は靴を履き替え、また課題②として廊下を通り、部屋に入る）。一通り体験したら、観点㋐、㋑についてグループで結果を共有し、まとめる。このとき演習2の手続きに則るとよい。

麻痺の程度によっては、不安定ながらも歩行が可能だったりするが、ここでは車いす使用の場合のみを実施する。

演習2　肢体不自由児の実態把握を生活状況の構造化を通して行ってみよう

課題

① 演習1（保育所での生活状況）を視覚的に構造化することで、実態把握をする。
② 保育所への参加以外に、どのような社会参加場面があるかリストアップする。

進め方

(1) 準備するもの

ふせん（色が複数種類あるとよい）、紙、筆記用具。

(2) 方法

保育年齢であることを考慮し、生活行為を中心に、事例が、㋐何ができて何ができないのか、㋑どのような介助が必要でだれが介助できるか、㋒どのような装具等の工夫でできるか、㋓どのようなことがバリアとなり、どうするとバリアが減るかといった点について視覚的に構造化（どのようなことがどのように関係し合っているのかなどが見てわかるように）してみる。

① 演習1の結果をふせんに書く（1項目につき1枚）。例えば、㋐のできることは桃色、できないことは水色、㋑のバリアとなるものは青色、㋒㋓の環境整備（介助や装具等）は黄色などと色分けする。次ページの解説は、この配色例を用いて説明している。
② 紙に貼っていく。その際、紙にグルーピングしていく。グルーピングは、どのようにすれば、より実態がとらえやすいか、直感的にとらえやすいかを考えながら工夫する。
③ 子どもの生活状況を想定し、保育所以外にどのような社会参加場面があるかリ

ストアップし、実際には保育所以外にどのような社会参加を考慮する必要があるかを確認する（できれば構造化によって把握した実態をふまえ、想定される困難や必要な援助等について話し合ってみる）。例：買い物（コンビニ、スーパー、ショッピングモール）、外食、病院など。

解説

ともすれば「できないこと」ばかり目がいきがちであるが、「できること」をどうやったら活かせるか（桃色のふせんは「できること」を表している）について考えることも必要である。例えば車いす利用のため、跳び箱やフラフープなどのできない遊びが多いととらえる代わりに、テーブル上でのおままごとならできる、歌を歌って友だちが踊ることならできる、といったように肯定的にとらえることが大切である。一方で、水色、青色の青色系はマイナス要因を表しているが、単に「できないこと」として終わらずに、それに対してどのような黄色、すなわち介助や装具等の環境整備ができるか、換言すれば、どのような介助等をすれば「できる」ようになるかを考える必要がある。また、環境要因を整えれば「できる」はずなのに「できていない」もの（黄色が対になっていない青色系）がないかの確認も必要である（見落としの洗い出し）。

保育所以外の社会参加場面についてのリストアップは、保育期以降を含めた、自立をめざしたあり方についての全体像を理解し、そのうえで現時点での保育の位置づけを把握することを企図している。現状で、参加状況のうち参加すべきであるがしていない（必要性を感じていない）場合がありうる。例えば、買い物などは、必要なルーティンワークとしての生活行為であるため、大人だけで手早くすましてしまおうとして、子どもは同伴したとしても単に連れて歩かされているだけ、ということもあろう。これに対して、保育所側として社会参加の側面を充実させたり、さまざまな経験を積んで主体性、能動性、意欲を育てるために、「このようにしてみてください」「こういうことも大事ですよ」とアドバイスしたりすることも求められるであろう。

Step 3

1. 障害理解のための演習課題で留意すべきこと

障害体験について

　肢体不自由についての演習課題をStep 2で示した。障害のある子どもとその保育上の支援についての理解を得るためには、子どもの立場になって体験してみることが一番である。この点で肢体不自由は体験もしやすい面があることは確かであるが、それゆえにこそ留意すべきことがある。それは、車いすに乗って移動してみただけで体験できた気にならない、ということである。車いすなら周囲を少し移動してみる、といった程度ではわからないので、1日、1週間とはいわないまでも、自らの行動を想定して、自らの行動が障害によってどのように変わるのかを意識しながら体験してみるようにしたい。

　演習1では、体験する本人が主体的、能動的に活動したと思う。しかし、実際の子どもの場合は、この点が必ずしもあてはまらないので注意が必要である。すなわち本当は「できる」のに、本人が「しようとしていない」ため、周りが一方的に「できない」と判断して手伝ってしまうことが多々あるので、避けなければならない。実際に子どもの実態を把握する際は、この点に十分留意したい。

生活状況の構造化について

　演習2では、保育所での生活状況を視覚的に構造化した。ICF（国際生活機能分類）の生活機能モデルにあてはめてみると、保育所を想定することは、保育所に通うという「参加」の水準に該当し、各場面においてできることやできないことは、「活動」の水準に該当する。つまり、保育所という「参加」は種々の「活動」から成立しており、一方で主体的・能動的に「参加」するなかで種々の「活動」も向上するという相互的作用、正の循環がある。また、環境の側面は「環境因子」に相当する（実際には、課題で示されたもの以外にも保護者の養育態度や生活習慣などの要因がある）。その他、実際には、能力としてはできても、実際には恥ずかしがってできないなど内向的、消極的といった性格面などの「個人因子」も考慮する必要がある。

　このような生活機能の観点から、実態像と将来像の両面において子どもをとらえ、その全体像のどこに保育が位置づけられるのかを認識したうえで、保育実践を行っていく必要がある。したがって、演習でもそのような観点のもと、課題を行ってほしい。

2. 他機関との連携

　肢体不自由児は、起因疾患に加えて、さまざまな合併症や、二次障害を有することも少なくない。そのため、地域の療育センター等の医療機関において治療・訓練を受ける場合が多い。したがって、肢体不自由児の保育にあたっては、そうした機関との連携は重要である。注意点（医学的禁忌、服薬、身体介助など）を適宜把握することや、治療・訓練効果を高めるための当該機関以外における取り組みに関する協力関係を築くことが求められる。

　また、保育所では、その後の就学に向けて教育機関との連携も求められる。わが国が平成15年度から10年間に講ずべき障害者施策の基本的方向について定めた「障害者基本計画」の「4．教育・育成」の基本方針として、「障害のある子ども一人一人のニーズに応じてきめ細かな支援を行うために乳幼児期から学校卒業後まで一貫して計画的に教育や療育を行う」こととされ、現在に至っている。したがって、保育所にもその後の橋渡し（移行支援）が求められるのである。特に、日常生活において介助を必ずしも必要とせずにある程度の活動が可能な子どもの場合は、就学先（特に通常の学校が適当かどうか）の決定に際して保育所での実態（まさに演習で明らかにしたような）が重要な情報となる。

3. 肢体不自由児をめぐる教育の動向

　肢体不自由児の教育のあり方は、①—ⅰ通常の学校／通常の学級、①—ⅱ通常の学校／通常の学級＋通級による指導、②通常の学校／特別支援学級、③（肢体不自由を対象とする）特別支援学校の4パターンである。文部科学省特別支援教育資料（平成29年度）によれば、実際には特別支援学校の小学部が最も多く、1万3578人、次いで小学校の特別支援学級3418人（特別支援学校相当の868人を含む）である。一方で通級による指導は100人にすぎない。特別支援学校相当（学校教育法施行令第22条の3に該当）の肢体不自由児で通常の学級に在籍するのは343人である（これ以外で通常の学級に在籍する肢体不自由児の数は不明）。

　周知のとおり、教育の分野ではインテグレーションからインクルージョン（インクルーシブ教育）へ移行しようとしている。これにともなって、肢体不自由児の通常の学校への就学も増えていくと予想される。保育でも同様の傾向が進むものと思われる。

参考文献

- 独立行政法人国立特別支援教育総合研究所・世界保健機関(WHO)編著『ICF(国際生活機能分類)活用の試み——障害のある子どもの支援を中心に』ジアース教育新社,2005.
- 上田敏『ICF(国際生活機能分類)の理解と活用——人が「生きること」「生きることの困難(障害)」をどうとらえるか』きょうされん,2005.
- 障害者福祉研究会編『ICF 国際生活機能分類——国際障害分類改定版』中央法規出版,2002.
- 大川弥生『「よくする介護」を実践するためのICFの理解と活用——目標指向的介護に立って』中央法規出版,2009.

COLUMN　肢体不自由のある未就学児の日中活動の場

　Aちゃんはもうすぐ3歳になる女の子で、脳性麻痺のため身体を自由に動かすのに難しい面があり、移動はバギーである。低出生体重で生まれたため、発達に遅れがあったが、現在では2歳上のお兄ちゃんともおしゃべりしながらよく遊んでいる。自己主張もはっきりしてきた。現在はいくつかの自治体をまたいだところにある療育施設に通い(母子通園)、児童発達支援を受けている。

　お母さんは、Aちゃんに同年代のお友達との交流を通して経験を積ませたいと考えており、幼稚園の入園を希望している。近隣の自治体では、園が受け入れを拒否できなかったり、市役所が園長を集めて受け入れる園を探してくれたりといった対応をしているという話も聞くが、1歳半時に居住地の市役所に相談したときには、「市役所がかかわるより自分で探したほうが早いので、1年半かけて自分で探してほしい」と言われた。また、「市内の幼稚園に通いたいんですか?」とも言われた。なお、居住市内の幼稚園は私立ばかりである。障害を理由とする差別の解消の推進に関する法律(障害者差別解消法)では、民間に課せられるのは努力義務のため、肢体不自由の子どもは、特に生活面を含めて介助の必要が大きいことから、受け入れを渋られがちである。一方、保育所の場合はどうなるだろうか? 考えてみてほしい。

（大平　壇）

第4講

知的障害児の理解と援助

　本講では、知的障害のとらえ方について、その原因や症状、そして援助の観点について述べる。知的障害のある子どもが身体とこころの健康を保ちながら、保育所で質の高い生活を送るために、保育士にはどのようなかかわり方が求められるだろうか。
　知的障害の特徴(とくちょう)を概説するとともに、実際のかかわり方についての理解を深めていく。

Step 1

1. 知的障害の理解

知的障害のとらえ方

　現在の日本では、知的障害の定義を明確に示した法律はない。しかし、教育、福祉、心理などの領域では知的障害の用語はよく使用されるので、知的障害についての一定の基準を示している。医学の分野では、アメリカ精神医学会による精神疾患の診断・統計マニュアル（DSM）によって知的障害の診断が行われる。DSMは、2013年にDSM-5（第5版）が出版され、それまで医学の分野で長く使用されてきた「精神遅滞」の名称は、「知的能力障害」の名称に変更された。

　このように教育や福祉の分野では「知的障害」、医学の分野では「精神遅滞」という名称で使用されてきていたが、DSMの改訂によりそれぞれの領域で共通の用語に統一されてきたとみられる。

　DSM-5による知的能力障害のとらえ方は、発達期に発症し、概念的、社会的、および実用的な領域における知的機能と適応機能両面の欠陥を含む障害であるとされている。以下に示す3つの基準にあてはまる場合に知的能力障害と診断される。

　1つ目は、知的機能についてである。知的機能とは、標準化された知能検査における論理的思考、問題解決、計画、抽象的思考、判断、学校での学習、および経験からの学習などの能力である。ただし、知能検査により、知能指数（IQ）が65〜75の範囲にあることをもって、知的機能評価の境界線としてはならないとしている。これはIQの値の高低が、実際の生活を営むうえで必要な能力との間に、必ずしも的確に一致しない点があるからである。したがって、IQはあくまでも知的能力を測る1つの目安にすることが望ましいとされる。

　2つ目は、適応機能についてである。適応機能とは、日常生活のなかで困らないように営みを行う能力のことを指し、概念、社会性、実用の3つの領域に分けられる。概念は、記憶、読み書き、言語、実用的な知識、新奇場面における判断などである。社会性は、他者への関心、共感、対人コミュニケーション、規則をまもること、社会的判断などである。実用は、身の回りの自立、金銭管理、交通機関の利用、余暇活動、自己管理などである。

　3つ目は、先に述べた知的機能、適応機能に支障があって、それらが発達期からの発症を満たすと、知的能力障害と診断される。

　次に、AAIDD（アメリカ知的・発達障害学会）によれば、知的障害とは、知的機能および概念的・社会的・実用的な適応スキルよって示される適応行動の明らか

な制約によって特徴づけられる能力障害であり、18歳までに発現するとしている。

また、厚生労働省における知的障害の定義については、2007（平成19）年に示された、「平成17年度知的障害児（者）基礎調査結果の概要」に記載がある。そこでは、知的障害の定義は、「知的機能の障害が発達期（おおむね18歳まで）にあらわれ、日常生活に支障が生じているため、何らかの特別の援助を必要とする状態にあるもの」とされている。また、知的障害であるかどうかの判断基準は下記(a)および(b)のいずれにも該当するものとされている。

(a) 「知的機能の障害」について

標準化された知能検査（ウェクスラーによるもの、ビネーによるものなど）によって測定された結果、知能指数がおおむね70までのもの。

(b) 「日常生活能力」について

日常生活能力（自立機能、運動機能、意思交換、探索操作、移動、生活文化、職業等）の到達水準が総合的に同年齢の日常生活能力水準）のａ、ｂ、ｃ、ｄのいずれかに該当するもの。

日常生活能力水準とは、年齢別に判断の目安となるような文章が列挙され、その程度をａ、ｂ、ｃ、ｄで表している。ａが最も重い程度を意味している。例えば、３歳児のａ程度は、「食思あるが全介助、排泄全介助、衣服の着脱全介助、つかまり立ちもできない、音声を発する程度」などが示されている（**図表４－１**）。

以上のように、種々の定義が示されているが、知的障害のとらえ方として、次の３点が大切である。①知的能力の発達に明らかな遅れを示し、②適応行動に明らかな困難さがみとめられ、③発達期（18歳未満）までに生じる。

知的障害の原因による分類

知的障害の原因には、どのようなものが考えられているのだろうか。知的障害は、その原因により、共通した特徴をもって現れることがある。知的障害を生じさせる３つの要因に分けて考えるのが一般的である。

① 病理的要因

特定の疾患により、知能の発達に遅れを及ぼすことがわかっている。その原因となる疾患として、ダウン症候群、フェニルケトン尿症、脳炎、てんかんなどがある。

また、胎生期、周産期、乳幼児期に外的な影響によって、脳に障害をきたし知的障害になる場合もある。母親の感染症、薬物中毒、栄養状況、出産時における

図表4-1 日常生活能力水準の一例

	a	b	c	d
3歳児	・食思あるが全介助 ・排泄全介助 ・衣服の着脱全介助 ・つかまり立ちもできない ・音声を発する程度	・食事は一人で食べようとする ・常時おむつが必要 ・つかまり立ちができるが、一人立ちはできない ・音声は発するが有意味語はしゃべらない ・感情表現は快・不快くらいである	・食事には多くの介助が必要 ・排泄の際介助には応じる ・歩けても不安定である ・簡単な指示や禁止の言葉もほとんどわからない ・家族とかよその人の区別がわかる	・スプーンで食べられるがかなりこぼす ・排泄の際一人でパンツをおろすが介助が必要である ・階段の昇り降りは一人で手すりにつかまってできる ・2、3の単語で意志を伝えられる程度にとどまる
4歳児	・食思あるがほとんど介助 ・常時おむつが必要 ・つかまり立ちができるが、一人立ちはできない ・音声は発する程度 ・やっと棒などが握れる	・食事には多くの介助が必要 ・排泄を予告しないから点検が必要 ・歩けても不安定である ・発語らしきものが1～2あるがほとんど発声のみである ・鉛筆やクレヨンを握れる程度	・スプーンで食べられるが、かなりこぼす ・排泄・排便はできる者もいるが定期的な指示や介助が必要である ・階段を手を引いてもらって昇る ・身振りなどで要求は伝えることはできるが、言葉は数語にとどまる ・なぐり描きをする程度	・スプーンで食べる ・一人で排尿するが注意が必要 ・足を交互に出して階段を昇れるようになる ・簡単な応答ができるが単語を並べる程度 ・まねをして線を書く
5歳児	・食事の介助には応じる ・おむつを使用しているがときには予告することもある ・歩けても不安定である ・音声は発するが有意味語はしゃべれない ・鉛筆やクレヨンを握れる程度	・排泄の際介助には応じる ・着衣の際介助には応じる ・階段を片手を引いてもらって昇る ・簡単な指示や禁止の言葉もほとんどわからない ・なぐり描きをする程度	・排泄には介助が必要である ・一人でパンツをおろすことができる ・足を交互に出して、階段を昇れるようになる ・ごく簡単な応答しかできない ・まねをして線を書く	・排泄は一人でするが点検が必要 ・脱げるが着るのは難しい ・階段の昇り降りは一人でどうにかできる ・会話はできるがたどたどしい ・鉛筆で丸を書く

資料：厚生労働省資料を一部改変。

仮死状態などである。

② 生理的要因

　特に知能が低くなる疾患をもつわけではないが、知的能力の全般に遅れがみとめられる。知的障害の大部分はこの要因によるものであり、障害の程度は、軽度

Step1 レクチャー

から中程度である。

③ 心理的要因

子どもの成長にとって極度に不適切な発育環境を原因として、後天的に知的な発達が遅れてしまうことがある。例えば、児童虐待や育児放棄などがあげられる。このような心理的要因により発生した場合は、できるだけ早期の環境改善を行うことにより、回復していくが、継続的に不適切な状況下におかれた場合は、回復が難しくなる場合がある。

2. 知的障害のある子どもの特徴

知的障害の現れ方は、子どもによってさまざまである。共通していることは、認知面、運動面、言語、社会性など多くの領域が、同年齢の子どもたちの水準より全体的に遅れている。その水準まで成長するには、数か月から数年単位で時間が多くかかるといわれている。

知的障害の程度

一般的に知的障害の程度は、次に示す知能水準がⅠ～Ⅳのいずれに該当するかを判断するとともに、日常生活能力水準（図表4-1）がa～dのいずれに該当するかという基準に基づき判定される（図表4-2）。なお、程度判定においては日常生活能力の程度が優先され、例えば知能水準が「Ⅰ（IQ～20）」であっても、日常生活能力水準が「d」の場合の障害の程度は「重度」となる。

図表4-2 程度別判定の導き方

IQ＼生活能力	a	b	c	d
Ⅰ（IQ　～20）	最重度知的障害			
Ⅱ（IQ　21～35）	重度知的障害			
Ⅲ（IQ　36～50）	中度知的障害			
Ⅳ（IQ　51～70）	軽度知的障害			

＊知能水準の区分
Ⅰ…おおむね20以下
Ⅱ…おおむね21～35
Ⅲ…おおむね36～50
Ⅳ…おおむね51～70

＊身体障害者福祉法に基づく障害等級が1級、2級または3級に該当する場合は、一次判定を次のとおりに修正する。
・最重度→最重度
・重度→最重度
・中度→重度

資料：厚生労働省資料を一部改変。

第4講　知的障害児の理解と援助

運動の発達

　知的障害のある子どもは、運動の発達に遅れがみられる場合が多い。乳児期の比較的早い段階で、首のすわりや、ずり這い、座位保持などに遅れがみとめられることがある。また、手足の動きがぎこちない、からだがやわらかく力が入らない、手先が不器用など、筋肉の発達がゆっくりであることも多く、細かな作業に困難さを示す場合がある。

　このように運動発達が全般的に遅れることにより、日常生活においていろいろと支援が必要な場面がある。例えば、スプーンや箸を使うことが困難であったり、歯みがきや着脱に時間がかかったり、ボタンがうまくかけられなかったり、おむつがなかなか取れなかったりなど身の回りの自立に困難さがみとめられる。

言葉の発達

　一般的に乳幼児の言葉の発達は個人差がみとめられるものの、1歳から1歳半ごろにかけて意味のある言葉を発するようになり、1歳後半ごろになると、15〜20語程度の言葉を言えたり、2語文が出現したりする。2歳を超えてくると飛躍的に言葉が増え、200〜400語程度の言葉が獲得されてくる。しかし、知的障害のある子どもは、言葉の出現に遅れがみとめられ、1歳半を過ぎても言葉を話さないことも少なくない。物の名前などは比較的獲得されていくが、物の大小関係や概念の獲得には困難さを示す。また、口や舌をコントロールする機能に未熟さがみとめられるため、言葉の発音が不明瞭であり、聞き取りづらいことも多い。

　物事の理解に時間がかかることもある。保育所における集団場面では、保育者の言葉の指示により、集団全体の動きをコントロールするときなどである。例えば「手を洗いましょう、立ちましょう」といった単純な指示や、「おもちゃを片づけたら、いすに座って待っていましょう」など、複数の意味を含んだ文章、やや複雑になる指示などがあげられる。

　知的障害のある子どもは、場合によっては単純な指示でも行動に移せなかったりする。人が言葉による指示にどのようにしたがうか、その過程を考えてみよう。まずは言葉に注意を向ける、その言葉を最後まで聞く、言葉を覚える、言葉の意味がわかる、結果的にその意味にしたがった行動をする、などいくつかの過程を経て指示を理解する。知的障害のある子どもの場合は、これらの過程の処理に弱さがみとめられるため、保育者の指示がなかなかうまく伝わらない場合がある。そのため、周りの人はわかりやすい言葉で短く話しかけたり、身振りで表現したり、実物を使

いながら提示したりして、できるだけ理解しやすく伝えられるような工夫が求められる。

記憶や注意の特徴

　知的障害のある子どもは、一度に記憶できる量が少なく、苦手であることが多い。人は、目や耳から情報が入力されると、それらは一時的に記憶しておく領域に保存され、過去に経験した事柄と照らし合わせながら、それらの情報について意味を理解したり、適切に行動したりする。しかし、知的障害があると、さまざまに入力される情報に必要な注意を向けることがうまくできず、大切な情報に焦点をあてることが苦手であるといわれている。

　したがって、知的障害のある子どもは、集中していられる時間が短くなるため、周りの人は、同じことを何度も繰り返し伝えていく必要があるといえる。

　ものごとに集中して取り組むことが苦手であるために、遊びもすぐに飽きてしまうことがある。同じ遊びを繰り返し楽しむ様子はみられるが、遊び方の工夫や発展にはとぼしさがみられる。自分で判断して、臨機応変に次の行動に移すことが苦手であることがわかる。集団遊びのなかでも、約束ごとや決まりごとなどを理解することに時間がかかることがあり、順番がまもれなかったり、友達に不快な思いをさせてしまったりすることもある。

ダウン症候群について

　1866年にイギリス人のダウン（Down,L.J.）医師によって報告された。染色体異常によって引き起こされることがわかっている。人の染色体は23対で46本あるが、ダウン症候群の人は21番目の染色体が3本あることにより、全部で47本の染色体が存在する。母親の出産年齢が高いほどその可能性が高くなることが知られている。特にダウン症候群の場合は出生前診断が可能であることもあり、命の選択という問題を含む大変慎重な議論がなされている。

　ダウン症候群の特性として、筋肉の緊張度が低く、多くの場合、知的な発達に遅れがある。発達の過程は通常の子どもとほぼ同じであるが、全体的にゆっくり発達する。心疾患などをともなうことも多いが、医療や療育、教育が進み、最近ではほとんどの人が普通に学校生活や社会生活を送っている。

Step2

> **演習** 知的障害のある子どもの立場に立って、保育の方法を考えてみよう

課題

① 知的障害のある子どもの事例を紹介する。その事例の子どもの状態について把握(はあく)する。

② その事例の子どもの担任として、あなたならどのように対応するか考えてみる。

③ 自分が考えたことをグループで共有する。保育のなかで配慮すべき点、保護者への対応について、深く学ぶ。

進め方

（1）グループをつくる

5人程度のグループをつくり、進行役を決める。

（2）事例を読む——子どもの立場から考えてみる

① 事例を読み、事例の子どもの知的発達の状況などについて、自分自身の考えをまとめよう。

② 自分の意見をグループ内に発表し、共有する。事例の子どもの状態についてグループ内で確認してほしい。

（3）クラス全体で共有する

グループの代表が、話し合ったことを発表する。子どもの気持ち、保育者としての対応、保護者への対応について、簡潔に発表できるとよい。

（4）発展として、知能検査・発達検査を実際に見てみよう

知能や発達の程度を検査するために、知能検査や発達検査の器具や用紙などを実際に見たり、調べたりし、それらの検査項目はどのような力を見ようとしているのか、グループで学び合ってみよう。

留意事項

① 事例を読むうえで、「できないこと」ばかりに注目するのではなく「できること」についても取り上げながら事例の検討をすること。

② 障害理解の枠組みとして、国際生活機能分類（ICF）があるが、その概念につ

Step2 プラクティス

いて学んでおくことが望ましい。
③ 本事例の子どもは、ダウン症候群の診断があるので、一般的にどのような特徴があるのかについて学んでおくこと。

事例

　T君は、生まれてすぐに医師にダウン症候群と診断された。そのとき母親は、わが子の状況を受け入れる整理がつかず、看護師から「大丈夫だよ、みんな元気に育ちますから」と励まされるたびに、ただただ涙する日々であった。T君は母乳をなかなかうまく吸えず、力が弱いことを感じていた。また、生まれながらにして、心臓に病気をもっていて、近い将来に手術が必要になるかもしれないことも告げられていた。

　生後4か月ごろから、「あーあー」と声を出すようになった。また寝返りもできるようになった。ただ、首のすわりはまだ不安定であった。1歳6か月ごろよりハイハイができるようになり、両親の声かけのほうへハイハイしながら移動することができるようになってきた。また、周りの人の動作をまねるようになり、他人とのやりとりが芽生えてきた。成長はゆっくりしており、T君は2歳2か月ごろで歩けるように、食事も手づかみであれば一人で食べられるようになってきた。

　T君を呼ぶと「はーい」と手を挙げ、少しずつではあるが言葉のやりとりができるようになってきた。テレビから流れる音楽が大好きで、その音楽に合わせて楽しそうに踊っている。

　家庭での育児も大切に思っていた両親だったが、集団での生活にも慣れてほしいと願い、3歳になる時期に保育園の入園手続きを行った。最初は障害のある子どもを受け入れてくれるかどうか、不安でいっぱいだったが、ある保育所が障害児保育を熱心に行っていることを友だちから聞き、その園に入園することになった。

　T君は入園当初、緊張からかただ泣くばかりの日々であった。また、トイレットトレーニングが完成していないため、失敗してしまうことがたびたびあった。そんなときも先生に訴えることができず、泣いてしまっていた。先生の言うことにもなかなか理解がついていかず、一人で違う行動をしていることが多かった。

　性格はおだやかで、音楽に合わせて踊ることや歌を歌うことが大好きである。一方、集中して活動することは苦手で、活動の後半になるとぼんやりしている様子もよくみられた。

第4講　知的障害児の理解と援助

Step3

1. 知的障害のある子どもの支援

子どもが興味をもてるように工夫する

　子どもの好きなキャラクターや、気に入っているものなどをあらかじめ用意しておき、誘導したい場所などに、それを貼っておく、あるいは置いておくなどする。例えば、Step2の事例のようなトイレを失敗するT君のように、トイレに誘導するために、あえてトイレの場所にT君の興味を引きつける絵などを貼っておく。それで、トイレがきちんとできたら、好きなキャラクターのシールを貼るなど、自分の行動に対する評価を、即時に返すことが大切になる。

　知的障害のある子どもは、自分で判断し、行動することが苦手である。しかしながら、いつも保育士が先にものごとを与えてしまっていては、本来伸びていく部分の芽を摘んでしまうとも限らない。少しでも子どもが自分で意思決定できるように、絵や写真などを使って、どちらかを選ぶような状況をつくっていくことが大切である。

ほめることで満足感や自発的行動をうながす

　どのような子どもであっても、ほめられることはうれしいことである。ほめられることで、次の活動の動機にもつながる。知的障害のある子どもは、すでに何らかの苦手意識をもっている場合があり、活動へのうながしに拒否を示す場合がある。やりたがらない場合であれば、その活動のレベルを少し落とし、子どもができる簡単なことからはじめ、一人でできた場合には、しっかりとほめていくことが大切である。ほめられると達成感や満足感が得られ、次回の活動もスムーズに移行できるであろう。このように、ほめることは、知的障害のある子どもが苦手としている自発的行動をうながすことが期待できる。

スモールステップ

　スモールステップとは、最初から高い目標を掲げるのではなく、ねらいとする目標を細分化し、小さな目標を達成する体験を積み重ねながら、最終目標に近づいていく手続きのことを示している。知的障害のある子どもには、同年齢の子どものような反応や行動が期待できない場合が多い。一律に同年代の子どもの水準に合わせて活動を行うと、知的障害のある子どもにとっては、その活動目標を達成することが難しい場合がある。そのために、1つの活動が達成できるまでに、どのように小

さな活動があるかを考え、細分化していく必要がある。知的障害のある子どもにとっては、細分化された活動1つひとつを達成していくことが大切である。

言葉のかけ方、指示の出し方

知的障害のある子どもは、たくさんの情報をとどめておくことが苦手である。一度に多くのことを聞き取りながら理解や判断をすることが困難であるから、言葉のかけ方や指示は、ゆっくり、はっきり、短くすることが大切である。言葉だけでは伝わりにくい場合もあるので、身振りで示したり、絵カードを使いながら、わかりやすくものごとを説明することが求められる。

2. 専門機関との連携

障害の特性は子ども個人によってさまざまであり、障害由来の行動に関して理解を深めていこうとする場合には、かなり高度な専門性が要求される。そのため、保育所が単独で障害のある子どもに対応しようとすると、場合によっては不適切なかかわりを行ってしまう危険性もある。

知的障害もほかの障害と同じように、早期支援が子どもの健やかな成長をうながすことが明らかになっている。早期支援をうながすためには、子どもの育ちの実態に応じた発達を支えるためのさまざまなはたらきかけを、障害に関する専門機関と連携しながら行うことが基本である。

例えば、保健センターや児童相談所、療育センター、特別支援学校など、発達を保障する機関と連携し、対処法などの具体的支援を一緒に考えていくとよい。場合によっては、障害のある子どもと保育士とのかかわりを専門機関の職員に見てもらい、問題点などについて指導を受けることも大切である。

一方で、保護者は子どもの子育てについて悩んでいたり、障害受容の問題がある場合が多いため、相談の機会を設けたり、療育機関への紹介や、市町村の福祉担当者と連携し、福祉サービスの情報を伝えることも大切である。

参考文献
- 藤永保監『障害児保育——子どもとともに成長する保育者を目指して』萌文書林，2012.
- 清水將之『子どもの精神医学ハンドブック 第2版』日本評論社，2010.
- 田中教育研究所編『田中ビネー知能検査Ⅴ』田研出版，2003.

COLUMN　障害のある子どもを保育するということ

　今まで、知的障害はその子どもの個人の問題であり、社会的不利が生じるなどのように、マイナス面を前提に障害を理解していたのではないだろうか。本講では、知的障害のとらえ方や、知的障害のある子どもの特徴について記述した。知的障害のある子どもの特徴について理解を深めることは、保育士をめざす人にとっては重要なことである。

　保育所は、障害の有無にかかわらず人としての能力を開花していくための機会の提供を行うところである。これは、機能・形態障害はたとえ残るにしても、そのことが決して個人の不利益になったり、活動が制限されたりしないようにしていくということである。

　乳幼児期は人として生きていく基盤を形成する最初の時期であり、それだけに成長発達において大切な時期である。保育所では、この大切な時期に楽しい遊びを経験しながら、言葉、運動、社会性、基本的生活習慣などを身につけていく。障害があることによるマイナス面よりもプラス面に重点をおく考え方が、障害のある子どもを保育する場合に大切である。知的障害がたとえあったとしても、ほかの子どもとの生活を通してともに成長できるように保育していくことが大切である。

（青井利哉）

第5講

視覚・聴覚・言語障害児の理解と援助

「みる」「きく」「はなす」は、身の回りの世界をとらえ、世界とつながるための重要な機能である。これらの機能における障害は、対人コミュニケーションの困難にとどまらず、知的発達や運動発達にも大きく影響する。Step1では視覚・聴覚・言語障害それぞれの特性や援助の視点について学ぶ。Step2では障害体験や演習を通して障害への理解を深める。Step3では視覚・聴覚・言語障害児の保育における課題への理解を深めるための関連事項を紹介する。

Step 1

1. 視覚障害とは

　人間は、外界を認識するための情報の80%を視覚に頼っているといわれる。また「目はこころの窓」ともいわれ、われわれは他者が何かに目を向けたり目をそらしたりする行動を手がかりに、その人の興味や感情を推察することができる。

　視覚障害とは、本人においては名称のとおり「視ること」の障害であるが、家族や保育者などのかかわり手側においてはコミュニケーションに関するさまざまな困難が生じる障害といえる。

2. 視覚障害の定義と分類

　視覚障害には、視力障害、視野障害（視野狭窄など、視える範囲の障害）、色覚障害（色盲など、色の弁別に関する障害）などの種類があるが、視覚を活用した生活や学習における障害の程度からは「盲」と「弱視」に分類される。

・盲…点字を常用し、主として聴覚や触覚を活用した学習を行う必要のある者。両眼矯正視力0.02未満を盲、0.02以上0.04未満を準盲という。
・弱視…視力が0.3未満の者のうち、普通の文字を拡大して活用するなど、主として視覚による学習が可能な者。

　なお、上記2分類はあくまで視覚活用の程度に基づくものであり、実際の視覚障害児の"視え方の特徴"は障害の種類によってさまざまである。

3. 視覚障害児の特性と援助

視覚障害児の行動特性

　弱視の子どもにみられる特徴的な視行動として、目を物や本、人に極端に接近させる行為がしばしばみられる。これは、目のほうを対象に近づけることで拡大して見る行為である。また、網膜の中心に暗点がある場合や、角膜の中央がにごっている場合は、対象を斜めの角度から見ようとする。周囲からみれば奇異な行動に映るこれらは、当人からすれば

見えにくさに対する適応行動であり、安易に指導することや、友だちから中傷されることがないよう留意する必要がある[*1]。

　関連して、周りの人々の見えにくさへの理解を困難にさせる原因の1つに、子ども自身の障害受容と障害理解の問題があげられる。ほかの子と自分が違っているかもしれない、という疑念は、集団を形成しはじめる時期の子どもにとって大きなストレスであろう。集団からはずされるかもしれない不安から、自身の見えにくさを家族にさえ伝えられないまま、日々を必死に過ごしているケースもみられる。また乳幼児では、見えにくいことを伝えたい気持ちはあっても言葉での表現方法がわからない場合や、そもそも自分が他者よりも見えにくいことに気づいていない場合もある。いずれにしても、視覚以外のさまざまな発達や人間関係形成に影響を及ぼすことから、保育者や親が日ごろから子どもの視行動をよく観察し、また伝え合い、早期に困難さに気づくことが重要である。

視覚障害児の援助

　「一目瞭然」という言葉があるように、視覚はすばやく全体を把握することに優れた感覚である。視覚に障害があると、この「全体像」の把握に手間暇がかかる[*2]。**図表5-1**は図形の観察の例である。触覚で物の形を把握する場合、触りながら頭のなかで全体像のイメージをつくり上げていく作業が求められる。大きさについても、手のひらサイズの物から両腕を目いっぱい広げても収まりきらない物、移動をともなう巨大な構造物までさまざまである。

　視覚障害児が物や環境を把握するための援助視点を以下にまとめた。

・両手による触察：片方の手を基準にして、もう一方の手を使うことで、位置や大きさ、凹凸の向きなどを把握することができる。
・音声の活用：触れて援助する際には、必ず先に声をかける。位置を伝えるときには「○○メートル前」など具体的に表現する。また、子どもが触って確認したものについて言葉かけによるフィードバックを行う。このとき、色などについてもできるだけ具体的に伝える。
・わかりやすい学習材：観察学習では特徴のわかりやすい材料を用いる。ただし、学習材の提供が援助者側の一方的な決定にゆだねられてしまうと、学びの主体性

[*1] 大川原潔・香川邦生ほか編『視力の弱い子どもの理解と支援』教育出版，1999．
[*2] 鳥山由子編著『視覚障害指導法の理論と実際――特別支援教育における視覚障害教育の専門性』ジアース教育新社，2007．

図表5-1 形の把握の運動軌跡

	視覚(眼球運動)	触覚(両手使用)
3〜4歳		
5〜6歳		

事前にそれぞれの方法で図形を熟知させたあとに実施した再認テスト時の運動軌跡を示した。触覚では輪郭や図形の幅を繰り返し観察する様子がみられる。
出典：A. V. ザポロージェツ編著，青木冴子訳『知覚と行為』新読書社，1973. を一部改変。

や観察力の育ちを抑制してしまう。
・模型の活用：教室内や園内など移動をともなう広い空間の把握では、構成物の配置を再現したミニチュア模型などを用い、触察や人形を操って移動させる遊びを通して手のなかの空間を頭のなかの空間につなげる。
・負担への配慮：触察には高い集中力と長い時間が必要となる。1つの学習に十分な時間をかけ、また学習への干渉とならない環境整備（支援含む）を行う。

4. 聴覚障害とは

　聴覚障害とは、身の回りの音や話し言葉が聞こえにくい、あるいはほとんど聞こえない状態をいう。手話を使って日常的にやりとりをしている人を聾者、残っている聴力や文字情報、口形、音声言語などを使って生活をしている人を難聴者と呼ぶことが多い。

　子どもの言葉やコミュニケーションの発達には、聴覚が重要な役割を果たしており、周りの人の話し言葉を聞くことによって言葉やコミュニケーションの力が育っていく。近年は出生後退院時までに行われる新生児聴覚スクリーニング検査が推奨されていることもあり、生後3か月以内に聴覚障害が発見され、補聴器の使用を開始できる事例が多くなっている。ただし、新生児聴覚スクリーニング検査の結果が「PASS」（聞こえている）であっても、後発的に聴覚障害が起こることもあるので、保育者としては子どもの言葉の発達や聞こえに対する反応には注意を払っ

5. 聴覚障害の分類

耳は外耳、中耳、内耳からなる。空気中を伝わってきた音は、外耳道の突きあたりにある鼓膜を振るわせ、中耳にある耳小骨（ツチ骨、キヌタ骨、アブミ骨）を経て内耳へと達する。音は、外耳では空気の振動、中耳では骨の振動、内耳では液体の振動として伝わる。蝸牛には感覚細胞である有毛細胞があり、ここで電気的信号に変えられる。いくつかの中継点を経て大脳に伝えられ、音や言葉の意味が理解される。

外耳、中耳の伝音系に障害がある場合を伝音難聴、内耳以降の感音系に障害がある場合を感音難聴、伝音難聴と感音難聴が合併した状態を混合難聴という（**図表5-2**）。

伝音難聴は、外耳道がふさがる、鼓膜に穴があく、中耳に水がたまる、耳小骨の動きが悪くなるなどによって起こり、耳を手でふさいだような聞こえ方になる。

感音難聴は、蝸牛から聴神経、脳の障害によって生じる。音や言葉が小さく聞こえるだけではなく、音がゆがんで聞こえる。伝音難聴には補聴器が有効であるが、感音難聴の場合、補聴器を装用しても音声そのものは聞こえても、その聞き分けが難しい場合も多い。近年は重度の感音難聴がある場合、蝸牛に直接電極を埋め込む人工内耳を使用する人も多い。

図表5-2　聴覚障害の分類

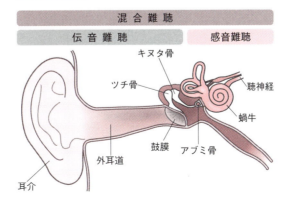

6. 聴覚障害の特性と援助

聴覚障害児の特性

　聞こえの程度は、dB（デシベル）という音の強さの単位で表すことができる。身体障害者福祉法施行規則では、両耳が70dB以上、あるいは一側が50dB以上でかつ他側が90dBで身体障害者手帳6級が交付され、両耳それぞれが100dB以上で2級が交付される。しかし、手帳が交付されない中軽度の難聴であっても、騒がしい環境下での聞き取りが悪かったり、言語発達に遅れがみられたりすることもあるので、保育するうえでは子ども同士のコミュニケーションの状況や言語発達の状況をしっかり把握し、遅れがみられるようであれば早い時期に専門機関の助言をあおぐことが大切である。

　聴覚に障害があれば、補聴器・人工内耳などの聴覚補償機器を装用する。補聴器は入ってきた音を大きくして伝えるだけではなく、うるさいと感じる音や不快に感じる音を抑えるなどの機能をもつ。人工内耳は、蝸牛内に電極を埋め込む手術が必要である。音は電気パルスとして蝸牛神経に直接伝えられる。適応基準は原則1歳以上、成人に対する裸耳での平均聴力レベルは90dB以上である。重度の聴覚障害がある場合、補聴器で聴覚を補償するだけでなく、絵や実物、口形や身振りなど視覚的な情報も併せて提示することで、聴覚障害のあるなしにかかわらず、わかりやすいコミュニケーション環境をつくることができる。

聴覚障害児の援助

　聴覚障害児に対する支援のポイントを以下にまとめた。

・補聴器・人工内耳に対する配慮：補聴器は水に弱いので、水遊びのときには補聴器をはずすとともに、夏などの暑い時期には汗を吸う補聴器カバーなどをつける。
・聞こえに対する配慮：1対1の会話では聞き取れる子どもであっても、騒がしい環境や自分の経験していないことについての話は聞き取れないことも多いため、話の内容を理解しているかどうかを常に確認していくことが大切である。
・コミュニケーションに対する配慮：友達と一緒に会話していても実際には内容がわからず困っていることがある。音声による言葉だけではなく、その子にわかる方法、身振り、具体物、絵、指文字、手話などコミュニケーション手段について工夫する。

7. 言語障害とは

言語障害とは、言語の理解や使用に関する障害の総称である。障害の種類や発生の時期はさまざまで、援助方法もそれぞれ異なる。ここでは、幼児期における主要な言語障害に限定して取り上げる（言語を司る脳部位については**図表5-3**参照）。

8. 幼児期の主な言語障害と援助

構音障害

一部の音がうまく発声できず、音の省略、ゆがみ、置換などが生じる状態を指す。

人の声では、肺からの呼気が声帯を振動させ、母音などの音源となる。声帯は喉頭に位置し、声を出しているときにのど（喉頭部）に手を当てると細かい振動として感じることができる。喉頭の段階での音声は単なるブザーのような音であるが、口腔で共鳴することによって、特定の周波数が強調され、「ア」「オ」といった母音らしい音色が生じる（**図表5-4**）。また、くちびるや、舌の先端部から奥舌部までの口腔内のさまざまな位置でせばめたり、閉鎖をつくったりして、呼気の流れを妨げることで子音がつくられる。この「どのように呼気を妨げるか」という調音点（構音点）のコントロールがうまくいかないと構音の誤りが生じるのである。

図表5-3 言語機能の脳部位

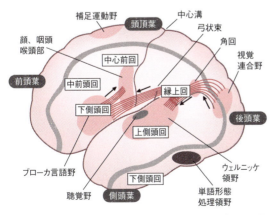

図表5-4 声道の構造

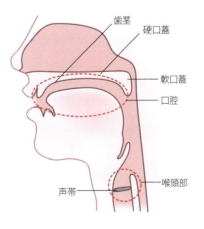

出典：岩立志津夫・小椋たみ子編『よくわかる言語発達 改訂新版』ミネルヴァ書房, p.152, 2017. を一部改変。

原因として、構音器官の構造自体に問題がある場合（口蓋裂など）、運動に関する神経学的問題がある場合（脳性麻痺など）、特にそれらの問題がない場合がある。構音障害の子どもは、自分が話した内容をわかってもらえないことによって、進んで話そうとする欲求が育ちにくいことが多い。何を話したいかに注目し、必要に応じて絵なども用いながら最後まで聞き取ることが重要である。その際、発音の誤りに対して、訂正したり言い直しをさせたりしないようにし、またさり気なく「そう、いちご狩りへ行ったの」など正しい発音を聞かせるようにする。

吃音

　幼児期からみられる流暢性の障害である。聞いて話すという単純な一連の過程を想定すると、以下の機能が推測される。①提示された（聞こえた）言語音の弁別、②単語の理解、反応として、③目標語の喚起、④正しい音の喚起・配列、⑤正しい構音やプロソディー実現である（大槻, 2007）。この過程に障害が生じるものである。また、最初の音がつまる（難発）、「ボボボクネ」など同じ音節を繰り返す（連発）、「ボーーークネ」など音を引き伸ばす（伸発）の3つの主症状がある。幼児期の子どもの場合、連発、伸発が多い（菊池, 2012）。吃音の子どもは、会話に対する心理的負担を日常的に感じており、このことからあらゆる面で消極的になってしまう場合もある。得意なことを活かす場をつくり、自信をつけさせること、一人ひとりの子どもの不安になりやすい状況（例えば、順番にあてられることと突然あてられることのどちらが苦手か）を把握すること、言葉を発しない状況をあえて皆でつくり、沈黙してしまうことがいけないことではないと感じられる雰囲気をつくることなどが重要である。大人が出だしを一緒に読むと音読がうまくいく子どもも多い。

言語発達の遅れ

　言葉の理解や使い方に遅れがある状態を指す。健常児であればおよそ3歳で3文節の会話（ママと／デパートへ／行った）は自由に話せるようになるが、3歳ごろになっても有意味語がほとんど出ない、単語を並べて話すだけで文としてつなぐことができないなど、子どもによってさまざまな遅れがみられる。言語発達の遅れのある子どもは、周囲の人の会話を正確に理解したり、思っていることを言葉で的確に伝えることが難しい状況にある。何かを伝える際には、理解しやすくするため、一文を短くする、内容を具体的にする、語調をゆっくりとおだやかなものにすることなどが重要である。また、文字や図、絵、動作など見てわかるものを一緒に使って、大人や友達と思いを伝え合えるようにし、コミュニケーションの体験を増やす

Step1 レクチャー

ことも重要である。

なお、聴覚障害児は、ふだんから耳にすることで自然と身につくはずの言葉が身につかない、「が、を、の、に」などの助詞の誤用がみられる、比喩的な文の理解が苦手である、などの言語発達に関する遅れがみられる場合がある。また、自閉症スペクトラム（ASD）など発達障害がある子どもについても、言葉の使い方に特異性がみられることが知られている。

9. 重複障害について

重複障害とは、単一障害を 2 つ以上併せ有する状態を指す。例えば、有名なヘレン・ケラー（Keller, H.）は盲ろうあの重複障害児であった。

重複障害児の困難さは、単一障害の足し算ではなく掛け算的なものと考える必要がある。例えば知的障害を有する盲児の場合、外界の情報不足（視覚障害）と理解力・判断力の弱さ（知的障害）との相互作用により、外界に対する強い不安や外界とのかかわりの困難さが生じ、その結果、気分の移り変わりの激しさや特定の遊びに固執しやすい傾向がみられるといわれる[*3]。さらに、このような特性からますます外界とかかわる経験が不足し、重度の適応障害につながるリスクがある（**図表5-5**）。このようなつまずきのプロセスは、知的発達が未熟な乳幼児期の視覚・聴覚障害児にもあてはまるであろう。未熟な機能間の負の相互作用による経験しぶりに配慮し、子どもが安心感のもと、思いきり活動できる環境づくりが重要である。

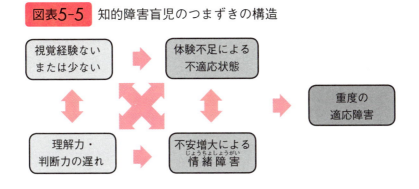

図表5-5 知的障害盲児のつまずきの構造

---

*3　田ヶ谷雅夫『盲精薄児の指導――この子に生きるよろこびを』明治図書出版, 1973.

Step 2

演習1 視覚障害を体験してみよう──ブラインドウォーク

課題

① 視覚障害児の感覚世界と環境への適応プロセスについて体験的に学ぶ。
② 視覚障害児への支援のポイントについて考察する。

進め方

(1) 準備するもの

アイマスク、クリップボード、コースの地図、記録用紙（**図表5-6**）、筆記用具。

(2) 実施概要

3～4名につき1グループで行い、次のように役割を分担する。

・被験者…疑似的な視覚障害者の役割。
・援助者…被験者をサポートする。
・記録者（1～2名）…被験者の行動を記録する。また、時間を計測する。

実習および演習は、以下のように進める。

実習前の演習

・被験者の様子などについて、仮説を立てる。

実習の実施

① 被験者はアイマスクを着用し、その状態で援助者が手を引いてスタート地点に移動させる。
② 援助者が手を離した時点からスタートし、被験者は設定したゴールに向かう。記録者は時間の計測を開始する。
③ 援助者は被験者に寄り添って移動し、被験者に危険が及びそうな場合や、周囲の物を破損する危険がある場合に、被験者の身体を支えたり、向きを修正したりする。なお、援助者および記録者は、実施中は一切発言を行わないようにし、被験者を援助するときも声はかけない。
④ 記録者は、地図に被験者の移動の軌跡、および、開始から4・8・12・16・20分時点の被験者の位置を地図に記入する。また、各時間帯における被験者の行動の様子や発言を記入していく。
⑤ ゴールに到達するか、20分経過した時点で終了とする。ゴールに到達できた場合は、到着までの所要時間を記録紙に記入する。

図表5-6 記録の例

被験者名　○○○○　　　　　記録者　△△

スタート：教育学部一号館入口　　ゴール：正門

行動の記録
A（開始〜4分）
・出発後、1号館前の自転車の間を通り抜けて、つつじを触りながら突き進む。
・学校祭に使うと思われるステージのパイプに当たり立ち止まる。

B（4〜8分）
・最初どのあたりかわからなかったようだが、工事の器具に当たって「これは…わかった」と言う。ゴール方向へ向かいはじめる。

C（8〜12分）
・道がそれ、大駐車場の中に入ってしまい、触れるものがないのでとまどう。足を盛んに突きだす。

D（12〜16分）
・しばらくさまよい、駐車場であることに気づいたのかUターンする。フェンスに触りながら入口に戻りゴール側へ向かう。
・保健管理センターに到着。掲示板を触り「保健管理センター付近だな」と言うが、周りの人が反応しないため前言撤回する。

E（16分〜終了）
・センターの階段で転びそうになり援助者が援助。階段を下りて木々の中に入っていき「森だ」と言うが森ではない。
・そのまま突き進み、車庫に到着。「わからない」と繰り返す。
・貯水池の網を触る。この時点で時間切れ終了。

ゴールまでの所要時間　　20分　未達成

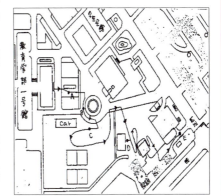

※実習場所は、車通りのない校内や公園内などとし、階を移動するようなゴール設定は避けるようにする。また、なるべく人がいない時間に実施するようにし、周りへの迷惑やけがにつながらないよう注意する。ゴールまでの距離はふだん3〜5分で到達できる程度とする。

実習後の演習

① 各グループの被験者の結果を集計し、みられた行動や条件（※）の違いについて検討する。
② 被験者および援助者は、それぞれの体験についての感想を報告する。
③ これらをもとに、視覚障害児にある困難さと支援について話し合う。

※白杖（はくじょう）を使用する条件や音声でガイドする条件と比較してみてもよい。

演習 2　聞こえにくさを体験してみよう

課題

① 難聴を疑似体験することを通して、どのような場面が聞きにくいかを調べ、そのような環境にいる聞こえにくい子どもたちの心情を想像する。
② 聞こえにくさをもった人と話すときに必要な配慮を考える。

進め方

（1）準備するもの

・耳栓、ヘッドホン。

（2）方法

3～4名につき1グループで行う。実習および演習は、以下のように進める。

① グループのなかの1名が耳栓をし、さまざまな条件下（**図表5-7**の会話条件を参照）で残りのグループの人と会話をしてみる。
② それぞれの場面で耳栓をした人が感じたことと、周りの人が耳栓をした人と会話をして感じたことを話し合う。
③ 同様にヘッドホンをし、大きめの音量で音楽をかけた状態での会話についても話し合う。
④ 出された意見をまとめ、聞こえにくさをもった人と話す際にはどのようなことに配慮したらよいかを話し合う。

図表5-7 記入用紙作成の例

聴取環境	会話条件	感じたこと	
		難聴者役	周りの人
耳栓	静かな環境で1対1		
	静かな環境で複数		
	騒がしい環境で複数		
	講義場面		
ヘッドホン	静かな環境で1対1		
	静かな環境で複数		
	騒がしい環境で複数		
	講義場面		

演習3　「ゆっくり」「ゆったり」話すゲーム

Step2 プラクティス

課題

ゲームや遊び感覚で取り組める発話指導を体験し、発話の調節について理解するとともに、日常的な会話のなかでの援助視点を考える。

進め方

図表5-8の活動を体験し、終了後にふだんの会話や絵本読みでの援助視点について話し合う。

図表5-8　「ゆっくり」「ゆったり」話すゲームの例

かめさんとうさぎさん

- 指導者と子どもの間で、かめさんとうさぎさんのなりきりゲームをする。「かめさん」と「うさぎさん」のペープサートやお面と、※1に挙げたような内容が書かれたカードを用意し、指導者と子どもで交互にカードを取り、「かめさん」と「うさぎさん」になりきってカードに書かれている動作を行う。この際、指導者は、かめさんとうさぎさんの動作の違いが、動きの速さの違い（ゆっくりか早いか）であることを子どもに伝えるようにする。
- 子どもが、「かめさん」「うさぎさん」の動作を行えるようになったら、動作の代わりに単語や※2、※3に挙げたような穴埋め文や短文を用いて同様の活動を行う。

＜留意点＞
- 指導者は、活動の前に、「かめさん」と「うさぎさん」の動作や発話の速さの対比を強調したモデルを提示する。「かめさん」のモデル提示については、1つ1つの動作や発話がぶつ切れにならないように、動作や発話のわたりを滑らかにするようにする。

おじいさんの耳

- 指導者と子どもの間で、耳が遠くなってゆっくりとお話ししないと話した内容が伝わらないおじいさんにお話をするというゲームをする。「おじいさん」と「まご」のペープサートやお面を用意し、耳の遠い「おじいさん」役と「まご」役を交互にしあう。
- 「まご」役になった人は、単語や※2、※3に挙げたような穴埋め文や短文をおじいさんに話が伝わるようにゆっくりと話すことに心がける。また「おじいさん」役になった人は、「まご」の話す発話の速度が速すぎるときは、首を横に振ったり、「分からん」と言ったりするなどして、発話の速度が速すぎることを伝えるようにする。
- 子どもが「まご」の時に意識して話すことができるようになったら、「おじいさん」と「まご」とで自由な会話をする場面を設け同様の活動を行う。

＜留意点＞
- 指導者は、「まご」のゆっくりとした速さの発話を子どもに理解してもらうために、不自然になり過ぎない程度にゆっくりを強調した話し方で話すようにする。
- 子どもが慣れてきたら、指導者は、「まご」役の時にわざと「おじいさん」が聞き取れない速さで話し、それを「おじいさん」役をしている子どもに指摘してもらうようにするとよい。

※1　「かめさんとうさぎさん」で用いる動作カードの例
- 「かめさん」（「うさぎさん」）で、イスから立ち上がってください。
- 「うさぎさん」（「カメさん」）で、机の周りを一周してください。
- 「かめさん」（「うさぎさん」）で、ボールをけってください。
- 「うさぎさん」（「カメさん」）で、あくびをしてください。

※2　スピーチセラピーで用いる穴埋め文の例
- わたしは（　　　）が好きです。［穴埋め箇所が1（単語・文中）］
- （　　　）をして遊びました。［穴埋め箇所が1（単語・文頭）］
- （　　　）と（　　　）をしたのでとても疲れました。［穴埋め箇所が2（単語・文頭）］
- わたしは（　　　）をするのが大好きです。その理由は、（　　　）だからです。［穴埋め箇所が2（単語や句、文・文中）］

※3　スピーチセラピーで用いる短文の例
- ぼくは、年中組です。［句や節を含まない短い文］
- 私の　一番　好きな　お菓子は、イチゴの　ショートケーキです。［句や節を含む長い文］
- 昨日は、遠足の日だった。ぼくは、おにぎりと　からあげを　お弁当に　持っていった。［2文以上からなる文章］

出典：小林宏明『学齢期吃音の指導・支援 第2版——ICFに基づいたアセスメントプログラム』学苑社、2010.を一部改変。

第5講　視覚・聴覚・言語障害児の理解と援助

Step 3

感覚機能と発達

　障害のある子どもの援助においては、障害そのものに対する対応だけでなく、その障害がほかの機能や発達に及ぼす相互作用を考慮しておくことが重要となる。ここでは、視覚・聴覚・言語障害のある乳幼児の発達課題をより深く理解するための補足事項として、感覚機能と初期発達との関係についてふれておく。

　ヒトの乳児はプログラミングされた早産状態（生理的早産）で誕生するといわれる（ポルトマン，1961）。高等哺乳類（ゾウ、サルなど）の多くは、生まれてすぐにある程度の自立が可能であるが、ヒトは生まれてからかなりの期間、自分で食事を摂ることや寝返りをうつことすらできない。その一方で、母親の胎内にいる時期から声を聴き分けられるといわれるほど感覚機能は早熟しているアンバランスな存在である（DeCasper & Fifer, 1980、Luhtanen, et. al., 1996）。このアンバランスさゆえに、身の周りの世界を長い時間をかけて観察することとなり、複雑で多様な行動を獲得していく。つまり、感覚機能はヒトという動物が人間という存在として発達するための重要な役割を担うことになる。

　乳児期の運動発達を例にあげてみたい。発達初期の重要な行動の1つに、目の前にある物や人に手を伸ばすリーチングがある。リーチングの成立によって、乳児は身の周りの生活世界とのかかわりを深め、生活世界を学習してゆくが、リーチングの発達には視覚が密接に関与している。乳児のリーチングの変化を観察すると、4か月齢のころは手のひらを握った状態で物に接近させ、物に接触してから手のひらが開き物を握るが、6か月齢では接近中に手のひらを開くようになり、8か月齢では接触前に物の形状に応じた手の形を形成した。さらに6か月齢では、物の位置と関連して姿勢を前方に傾ける行為の出現もみられた。視覚が上肢のみでなく体幹まで活用する運動の発達を導き生活空間を拡大したといえる。

　また、視覚や聴覚によって、周りの人や物音への注意が生起する。前言語的行動の1つである指さしは、この定位的注意（空間内の位置を定める注意）を前提として発現する行動である。

　言葉の獲得に関して、聴覚が重要なファクターとなることは54ページでも述べたとおりであるが、聴覚障害乳児について、発声がみられはじめる時期は健聴乳児と同時期であるにもかかわらず、喃語の出現は健聴乳児よりも遅れることも指摘されている。つまり、乳児が自身の発声を聴くことが喃語の出現に影響するといえる。さらに、喃語を早く話しはじめる子どもほど、早期に言葉を獲得する（乾，2013）。喃語の出現によって、親が喃語を手がかりとした言語的なやりとりを試みはじめ

図表5-9 リーチング様態の変化

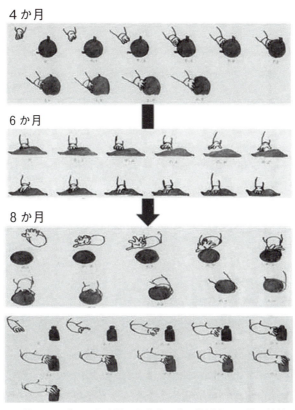

4か月では、手のひらを握った状態で物に接近させ、物に接触してから手のひらが開き、物を握った。6か月では接近中に手のひらを開くようになった。8か月ごろには、接触前に物の形状や性状、機能に応じた手の形を形成した。

出典：吉川一義・堤友海ほか「重複障害児の初期認知機能発達における感覚と運動の役割」『リハビリテーション・エンジニアリング』第27巻第2号、pp.79〜82、2012.

る、すなわち言語発達を促進する生活環境が提供されるためといわれる。

参考文献

- DeCasper, A. J. & Fifer, W. P., 'Of human bonding: Newborns prefer their mothers voices', *Science*, 208, pp.1174-1176, 1980.
- 乾敏郎『叢書・知を究める① 脳科学からみる子どもの心の育ち——認知発達のルーツを探る』ミネルヴァ書房, 2013.
- 喜多村健編著『言語聴覚士のための聴覚障害学』医歯薬出版, 2002.
- Luhtanen, M. C., Alho, K., et al., 'The ontogenetically earliest discriminative response of the human brain', *Psychophysiology*, 33, pp.478-481, 1996.
- 藤田郁代監, 中村公江・城間将江ほか編『標準言語聴覚障害学 聴覚障害学』医学書院, 2010.
- 大川原潔・香川邦生ほか編『視力の弱い子どもの理解と支援』教育出版, 1999.
- アドルフ・ポルトマン, 高木正孝訳『人間はどこまで動物か——新しい人間像のために』岩波書店, 1961.
- 篠田達明監, 今野正良・土橋圭子編『視覚・聴覚・言語障害児の医療・療育・教育』金芳堂, 2005.
- 鈴木篤郎・田中美郷『幼児難聴』医歯薬出版, 1979.
- 田ヶ谷雅夫『盲精薄児の指導——この子らに生きるよろこびを』明治図書出版, 1973.
- 鳥山由子編著『視覚障害指導法の理論と実際——特別支援教育における視覚障害教育の専門性』ジアース教育新社, 2007.
- 吉川一義・堤友海ほか「重複障害児の初期認知機能発達における感覚と運動の役割」『リハビリテーション・エンジニアリング』第27巻第2号, pp.79～82, 2012.
- ザポロージェツ編著, 青木冴子訳『知覚と行為』新読書社, 1973.
- 千田耕基監, 大倉滋之編『発達と障害を考える本⑩ ふしぎだね!? 視覚障害のおともだち』ミネルヴァ書房, 2008.
- 岩立志津夫・小椋たみ子編『よくわかる言語発達』ミネルヴァ書房, 2005.
- 小林宏明『学齢期吃音の指導・支援——ICFに基づいたアセスメントプログラム 改訂第2版』学苑社, 2014.
- 牧野泰美監, 阿部厚仁編『発達と障害を考える本⑧ ふしぎだね!? 言語障害のおともだち』ミネルヴァ書房, 2007.
- Norbury, C.F., Tomblin, J.B., Bishop, D.V.M. 編, 田中裕美子監訳『ここまでわかった言語発達障害——理論から実践まで』医歯薬出版, 2011.
- 独立行政法人国立特別支援教育総合研究所「言語障害のある子どもへの配慮」http://www.nise.go.jp/cms/7,6531,70,272.html
- 乾敏郎「言語獲得と理解の脳内メカニズム」『動物心理学研究』第60巻第1号, pp.59～72, 2010.
- 大槻美佳「言語機能の局在地図」『高次脳機能研究』第27巻第3号, pp.17～29, 2007.
- Blakemore, S.J., Frith, U., 『The Learning Brain : Lessons for Education』Wiley, 2005.

第6講

発達障害児の理解と援助（ADHD、LD、ASD）

本講では、発達障害の特性と援助について理解を深める。Step1では、発達障害の定義や、代表的な発達障害であるADHD、LD、ASDの特徴について概観するとともに、ADHDやASDなど発達障害の特性に基づいた保育の工夫について理解する。Step2では、ADHDの特性に基づく保育を検討するための演習をする。Step3では、発達障害の背景にあると考えられる脳機能に関する研究と二次障害の予防について理解する。

Step 1

1. 発達障害とは

2004（平成16）年に発達障害者支援法が制定され、発達障害とは、「自閉症、アスペルガー症候群その他の広汎性発達障害、学習障害、注意欠陥多動性障害その他これに類する脳機能の障害であってその症状が通常低年齢において発現するものとして政令で定めるもの」と定義されている。これらの障害は、知的な発達の遅れをともなうこともあるが、必ずしも知的な発達の遅れがあるとは限らない。それゆえ、従来はきちんと障害として認識されずに、学校や保育所等の集団場面において、手がかかる問題児として扱われることも多かった。実際、**図表6-1**に示すように、通常学級において知的発達に遅れはないものの学習面や行動面で著しい困難を示すと担任教師が回答した児童生徒が一定の割合で存在する。発達障害に関する理解と支援が広がることが求められている。

2. ADHDとは

注意欠陥（欠如）・多動性障害（Attention-Deficit Hyperactivity Disorder：ADHD）とは、①注意を持続することができない不注意という状態、②じっとしていられない多動性や思った瞬間に行動してしまう衝動性という状態の2つに特徴づけられる障害である。一口にADHDといっても、子どもによって症状はさまざまで、不注意の状態のみが強くみられるタイプ、多動性・衝動性の状態が強くみられるタイプ、両者の状態がともにみられる混合タイプなど、いろいろなタイプがみられる。

保育場面での具体的な状態像として、不注意という状態は、保育者がクラス全体に話をしているときに話を聴けなかったり、注意がそれることから着替えや片づけなどの身辺整理がきちんとできないなどの形でみられる。多動性は、皆が座って保

図表6-1 通常の学級に在籍する特別な教育的支援を必要とする児童生徒に関する全国実態調査

知的発達に遅れはないものの学習面または行動面で著しい困難を示すと担任教師が回答した児童生徒の割合	6.5%
A：「聞く」「話す」「読む」「書く」「計算する」「推論する」に著しい困難を示す	4.5%
B：「不注意」または「多動性－衝動性」の問題を著しく示す	3.1%
C：「対人関係やこだわり等」の問題を著しく示す	1.1%

資料：文部科学省初等中等教育局特別支援教育課「通常の学級に在籍する発達障害の可能性のある特別な教育的支援を必要とする児童生徒に関する調査結果について」2012.

育者の話を聴いているのに1人だけ立ち歩く、座っていても身体をもぞもぞと動かして落ち着かない、静かにできずにおしゃべりが目立つなどの姿としてみられる。衝動性を表す特徴としては、気に入らないことがあったときにすぐに手が出てしまい、友達といざこざを引き起こしたり、ゲームや競争で一番にこだわったり、順番待ちが苦手で並んでいる列に割り込んだりすることなどがあげられる。

3. LDとは

　学習障害（Learning Disability：LD）は、文部科学省の「学習障害児に対する指導について（報告）」において、「基本的には全般的な知的発達に遅れはないが、聞く、話す、読む、書く、計算する又は推論する能力のうち特定のものの習得と使用に著しい困難を示す様々な状態」と定義される。一口に学習障害といっても、どの能力に障害があるかによって、状態はさまざまである。学習障害は、教科学習がはじまる就学以降に大きな問題となってくることが多く、就学前に問題視されることはきわめて少ない。しかし、就学前にも、次のような特徴がみられることがある。例えば、相手の言葉を聞き間違えたり、相手の話が理解できなかったりすることが多い。また、筋道を立てて話すのが苦手でうまく話せなかったり、不器用さがあり、はさみなどがうまく使えないこともある。

4. ASDとは

　自閉症スペクトラム障害（Autism Spectrum Disorder：ASD）は、DSM-5では、①社会的コミュニケーションの持続的な障害、②行動、興味、活動の反復的パターンが発達上の早期から存在するものと定義される。かつてレオ・カナー（Kanner, L.）がASDの中核症状をはじめて報告し、単に「自閉症（Autism）」と称されたが、後にハンス・アスペルガー（Asperger, H.）やローナ・ウイング（Wing, L.）らにより自閉症の状態像が大きな幅をもつことが示され、現在ではスペクトラム（連続体）という概念が導入された。

　具体的な状態像としては、他者の身振りや表情から相手の気持ちを読み取ることの困難さ、自らの身振りなどから周囲に意思伝達することの困難さと、特定の対象（玩具など）や日課、物の配置など特定の習慣への過剰な固執などがあげられる。このほか、感覚面に敏感性や過度の鈍感性をもっていたり、視覚的情報には意味を見いだしやすくすぐれた記憶力をもつなどの個別的な特性もみられる。

5. 発達障害（ADHD や ASD）の特性に応じた対応

　ADHD の子どもは、不注意と多動性・衝動性という特性をもっている。また、ASD の子どもにおいても感覚面の過敏さゆえに ADHD の注意の転導性に似た症状を呈することも多い。保育の場面では、こうした特性に応じた対応の工夫をすることが求められる。以下、保育をするうえでのポイントをまとめる。

（1）余計な刺激を取り除く

　余計な刺激が存在すると、さまざまなことに注意がそれてしまう。次々と注意がそれてしまうことを防ぐためには、できるだけ余計な刺激を取り除くことが効果的である。例えば、興味のある玩具などが見えるところにあれば、どんな子どもでも、そちらに気がとられてしまうものである。今使用していないものは、きちんと目に入らない場所に片づけることが望ましい。

　保育者の話を聴くために集まって座る際の座り位置にも工夫はできる。座り位置が後ろのほうだと、ほかの子どもの姿などさまざまな刺激が目に入るので保育者への注意がそれやすいが、一番前に座らせると、保育者とその子どもの間にはほかの刺激が存在しないために、保育者への注意がそれにくい。窓際や入口の近くだと部屋の外に気をとられることもあるので窓際などを避けるというのも1つの工夫である。保育現場にはたくさんの刺激があり、環境を完全にコントロールすることは難しいが、可能な範囲で環境を整備することが必要である。

（2）注意をひきつける工夫をする

　刺激が存在するとそこに注意が向かってしまうということは、うまく刺激を用いることで特定のものに注意をひきつけることもできる。最も簡単な方法は、重要な指示を与える際などに、話を聴いていない子どもの名前を呼んで注意を喚起することである。ただし、何度も繰り返し呼びかけをすることは、効果が減少するため、頻度とタイミングを考えることは重要である。また、保育者が単調に話をするだけではなく、ときどき口調を変えたり、ちょっとした小物を用いたりすることで、注意を自分にひきつけることもできるであろう。

（3）言葉を選び、整理した情報を簡潔に伝える

　子どもは、聞いた内容を一時的に頭にとどめておくワーキングメモリが小さく、たくさんの情報を一度に与えても、すべてを理解することができない。話を聴くのがうまい子どもだと、話のなかから余計な部分は聴き流して、必要な情報だけをうまく抽出することができるが、多くの子どもは、たくさんの情報を俯瞰して必要な情報だけに注意を向けるのは苦手なことが多く、理解しづらいことも多い。指示

を与える際などは、一度にたくさんの指示を与えるのではなく、少しずつ何回かに分けて指示を出すことが望ましい。また、言葉をよく選び、整理した情報を簡潔に伝えるとよい。複数の指示を出す場合にも、ポイントをまとめて、箇条書きのように、ポイントごとに区切りながら伝えると理解しやすい。

（4）視覚による情報伝達の工夫をする

何らかの情報を伝達する際、口頭で伝えるだけではなく、黒板や掲示物などを利用して、伝えたい内容を視覚的に表示する工夫をするとよい。口頭による伝達だけだと、伝達された瞬間に注意がそれてしまうと、話を聴きもらしてしまい、その内容を理解できなくなる。話の内容が理解できずにわからなければ、ますます注意が散漫になる可能性も高い。もし、話の内容が黒板や掲示物などの形で視覚的に示されていると、瞬間的に話を聴きもらしても、掲示物を見ることで何の話をしていたかわかることがある。就学前だと文字を読むことが必ずしもできるとは限らないが、わかりやすい絵や記号などで工夫できるとよい。

（5）先の見通しをもてる工夫をする

衝動的に行動してしまうのを防ぐためには、先のことを考えて行動できることが大切である。先の見通しがもてないと、だれしも不安を感じるものである。そのため、先の見通しをもてるような工夫ができるとよい。例えば、「ちょっと待って」という言葉かけより、「5つ数える間待って」という言葉かけのほうが、どれだけ待てばよいかわかりやすい。

（6）適度な動きを取り入れる

座って話を聴き続けることは子どもにとって難しい。そんなとき、話の途中で手を挙げさせたり立ち上がらせたり、みんなで手遊びを取り入れてみたりするなど、ちょっとした動作を間にはさむことは、長時間、座って話を聴かせ続けるための1つの方法である。からだを動かさないようにじっとがまんさせ続けるよりも、あまり苦痛を感じることなく、座り続けることを持続させることができる。

（7）活動に取り組みはじめたときに積極的にほめる

何かに集中して取り組むためには、興味と自信をもつことが大切であり、そのためには成功体験をもつことが必要である。しかし、発達障害の子どもは、活動にうまく取り組めずに、ほめられることよりも注意されたり叱られたりすることが多くなりがちである。そのため、機会を見つけてほめることができるとよい。多動だからといって、いつも動きまわっているわけではなく、活動の初期のうちは、きちんと活動できていることも多い。子どもがやる気をもって活動に取り組みはじめたときなど、子どもをほめるようにするとよい。

Step 2

> **演習 1** 保育室という環境には、どのような子どもの注意をひく刺激があるのかを考えてみよう

課題

　注意欠陥・多動性障害（ADHD）の子どもの特徴として、周囲のさまざまな刺激に注意が向くことで、集中が持続しないということがある。また、自閉症スペクトラム障害（ASD）の子どもには、感覚の過敏性から特定の刺激の存在により落ち着きをなくしたり、逆に特定の刺激に対して過度にこだわりをみせたりすることもある。その対策として、保育室にはどのような刺激が存在し、それらの刺激が子どもにとってどのような意味をもつかを考えることが大切である。そのうえで、できる限り、不要な刺激を取り除くことが大切である。保育室には、実にさまざまな子どもの注意をひく刺激がある。まずは、保育室にどのような刺激が存在するか、1つひとつとらえ直してみる。そして、それらの刺激に、子どもが注意を向けないようにするための工夫を考える。

進め方

（1）準備するもの

・ある保育室を撮影した写真。保育者があらかじめ準備をしたものでもよいし、学生に実習等の際に撮影させてもよい。保育室に存在する刺激には、視覚的なもの以外にも、聴覚的な刺激や嗅覚的な刺激も存在する。それゆえ、音声も記録される動画を準備するのもよい。

・図表6-2のような記録票。記録票は、上側のように配置図形式でも構わないし、下側のように箇条書き形式でも構わない。自分なりに、わかりやすいような工夫を凝らして作成しよう。

（2）方法

① 写真を見ながら、保育室という環境に、子どもの注意をひく刺激としてどのような刺激があるかを考え、書き出す。音やにおいなど、写真には表示されないが、存在すると思われるものも、想像して書き出してもよい。

② それぞれの刺激を目立たなくするための工夫がないか、自分なりに考えて書き出す。すでに工夫がされているものには、どのような工夫がされているかを考える。刺激を取り除く、配置を変える、刺激を隠す、刺激を付け加えるなど、いろ

Step2 プラクティス

図表6-2 保育室にある刺激の記録票

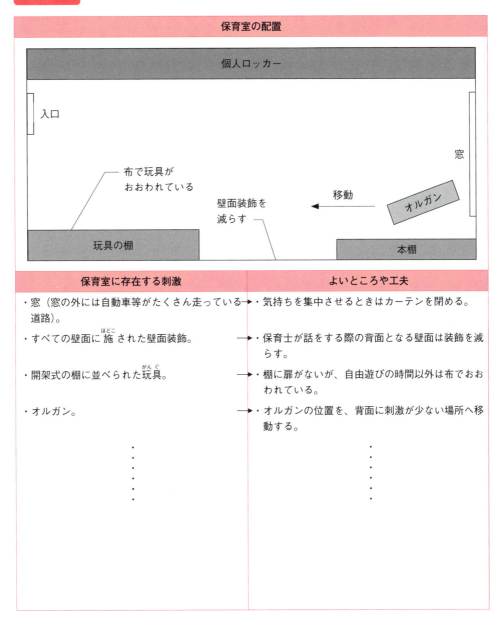

いろな視点から考えてみよう。
③ 上記①②それぞれについて個人で考えた内容を、グループで話し合ったり、クラスで発表し合う。

演習2　保育者の語りに注意を集中させる工夫を考えよう

課題

　絵本を読み聞かせたり、工作の作り方の説明をしたりするなど、保育者が子どもたちに向かって語りかける場面は数多くある。発達障害の子どもに限らず、多くの子どもたちは、保育者の話に集中し続けることは困難である。保育者の語りに子どもたちの注意を集中させる工夫を多面的に検討してみよう。

進め方

（1）準備するもの
・絵本。各自が自分のお気に入りの絵本を用意する。グループで1冊でもよい。絵本のかわりに折り紙を準備して、折り方の説明をしてもよい。
・記録用紙。**図表6-3**を参考に各自で作成する。

（2）方法

① 適当な人数のグループをつくる。グループのなかで順番を決め、1名が交替で保育者役となり、その他の人は子ども役となる。

② 保育者役の学生は、子ども役の学生に対して、実際に絵本の読み聞かせを行う。その際、保育者役の学生は、子どもがどうしたら自分の読み聞かせに注目するかを考えながら、いろいろと工夫を交えてみる。

③ 子ども役の学生は、保育者役の読み聞かせを聞きながら、学生がどのような工夫をしているかを観察し、**図表6-3**のように、よいところ、変えたほうがよいところなどを書き出す。

④ 読み聞かせ終了後、③で書き出した点についてグループで話し合いをする。話し合いの際は、グループ全員が同じ絵本を用いて学生同士の比較をしてもよいし、それぞれ異なる絵本を用いて絵本による違いを検討してもよい。

⑤ 上記①〜④を、役割を交代しながら繰り返し、全員が保育者役を体験する。

⑥ 同様に、子どもに「折り鶴の作り方を説明する」という課題で、注意を持続させる工夫を考えて実演してみる。

| 図表6-3 | 語りの観察記録票 |

保育者役のとった行動	行動の評価
・絵本を読む前に、手遊びをして、手をひざの上に置かせた。	・楽しく絵本を読む準備ができると思った。
・絵本を読んでいるときに、絵本を見るだけでなく、視線を一人ひとりの子ども役のほうにいきわたらせていた。	・だれが話に注意しているか、きちんとわかると思った。また、見ていてもらえて安心する子どももいると思った。
・絵本の読み聞かせの途中で、「次、どうなると思う？」と子ども役に質問を投げかけて、答えさせていた。	・クイズ形式で保育者役とやりとりをもつことで、興味をもつことができた。ただ、次のページを早く見たいと思っている子どもにとってはちょっとイライラするのではないかと思った。
・擬態語を読むときに、おもしろいイントネーションをつけていた。	・思わず笑ってしまった。子どもたちも興味をもてると思う。ただ、皆が笑うことで、ざわついてしまわないか、ちょっと心配。
・ ・ ・ ・ ・	・ ・ ・ ・ ・

第6講　発達障害児の理解と援助（ADHD、LD、ASD）

Step 3

1. 発達障害と神経科学

　発達障害は、Step 1で示した定義にもあるように、背景に脳の機能障害があると考えられている。ここでは、発達障害と脳の関係について概観する。

発達障害に関与する脳部位

　学習障害（LD）のなかでも、読字障害に関する脳科学が比較的進んでいる。例えば、音読することの困難さの背景には、文字を、対応する読み方におき換えることの困難さや、単語や語句をひとまとまりのものとして認識することの困難さがあるとされるが、前者には左頭頂側頭部、後者には紡錘状回が関与しているとされる。

　注意欠陥・多動性障害（ADHD）の脳の構造異常に関する研究では、集中したりがまんしたりする際の中枢である前頭前野の一部が健常児よりも小さいという報告がある。また、行動の計画や実行に関与するといわれる大脳基底核の一部が小さいという報告もある。その他、小脳の構造に差異があるという報告もある。

　自閉症スペクトラム障害（ASD）に関しては、選択的注意や他者の気持ちを汲み取るはたらきをもつ前頭前野や、快・不快などを判断する中枢である扁桃体のはたらきの低下などが指摘されている。

神経伝達物質と薬物療法

　発達障害の脳科学としては、神経伝達物質に関する研究も進んでいる。神経細胞と神経細胞の間では、一方の細胞から化学物質（神経伝達物質）が放出され、他方の細胞の受容体にその化学物質が到達することで、情報が伝えられる。代表的な神経伝達物質としてはドーパミンやセロトニン、ノルアドレナリンなどがある。

　神経細胞には、放出された神経伝達物質を再び細胞内に取り込むトランスポーターと呼ばれる作用があるが、ドーパミントランスポーターが過度にはたらきすぎることで放出されたドーパミンが受け手側の受容体に結びつく前に取り込まれてしまい、結果的にドーパミン不足の状態になってしまうことがADHDと関係していると考えられている。実際、ドーパミントランスポーターのはたらきを抑制するメチルフェニデート剤を服用することで、ADHDの症状が低減する。ドーパミン以外にも、ノルアドレナリンなどもADHDに関与しているといわれている。

　ASDについても、セロトニンの減少との関連が研究されており、セロトニンを投与することで社会的行動の改善がみとめられることが動物実験で報告されている。また、他者への信頼感を増加させるオキシトシンというホルモンを点鼻投与す

ることで、内側前頭前野の活動が活発化し、ASD者において表情や口調から相手の気持ちを読み取る行動が増えたとの報告もある。

発達障害と神経伝達物質や脳内ホルモンの関係が解明されることで薬物療法の可能性も広がるが、現在のところ、薬物で障害そのものが治るわけではないことや、就学前の幼児の場合は薬物療法は適さないことに留意しなければならない。

2. 発達障害と二次障害

発達障害の子どもには、成長していくプロセスのなかで、反抗挑戦性障害（Oppositional Defiant Disorder：ODD）や行為障害（Conduct Disorder：CD）を引き起こすものが少なくない。反抗挑戦性障害とは、大人に対する著しい拒絶的、敵対的、挑戦的な行動に特徴づけられる障害で、大人に対して激しく癇癪や口論を引き起こしたり、大人の要求や規則に対して反抗や拒否をしたり、イライラや怒りといった行動などが続く。他方、行為障害は、反抗挑戦性障害より状態が深刻で、刑事事件に該当するような行為が常態化する障害である。例えば、人や動物に対する攻撃性、所有物の破壊、嘘をつくことや窃盗、重大な規則違反などが常習化するものである。一般に、ADHDの子どもの20％が反抗挑戦性障害になるといわれており、反抗挑戦性障害の子どもの30％が行為障害になるといわれている。

これらの反抗挑戦性障害や行為障害は、発達障害の子どもに必ず現れるものではなく、周囲から否定的にかかわられることが多いという生育環境に起因して二次的に生じる障害である。発達障害の子どもは、何度言っても同じ間違いを繰り返したり、周りの迷惑を顧みない行動が自己中心的にみえるなどの理由から、何度も叱られたり、過度に厳しいしつけを受けたりする。「お前はうちの子ではない」などと存在意義を否定されることもある。このように否定的にかかわられることで、内面的には自己評価が下がるとともに、外面的には周囲に対する怒りを抱くようになる。発達障害の子どもは、感情をコントロールすることが苦手であるため、こうした怒りをうまく統制できずに、直接的に表現したり、行動化という形で表出したりすることも多い。これに対して大人はさらに厳しく叱ったり、しつけを強めたりするなど悪循環が繰り返され、子どもの怒りや反抗もより強くなっていくのである。

こうした二次障害を防ぐためにも、小さいころから十分にほめられ、周囲から受け入れられる体験が必要である。集団のルールをまもり、他者のために行動できるようにすることで、集団のなかでみとめられる機会を増やし、健全な自尊感情を育てることが大切である。

参考文献

- 独立行政法人国立特別支援教育総合研究所『特別支援教育の基礎・基本 新訂版——共生社会の形成に向けたインクルーシブ教育システムの構築』ジアース教育新社，2015.
- Nobuhiro Nakai,et.al. "Serotonin Rebalances Cortical Tuning and Behavior Linked to Autism Symptoms in 15q11-13 CNV Mice", Science Advances：Vol.3, no.6, e1603001，2017.

COLUMN　自閉症への新たな療育アプローチ

　どのような障害をもつ子どもであっても、その発達予後を左右するのは早期の障害への気づきと療育の開始である。知的な遅れがない自閉症スペクトラム障害（ASD）は、おおむね3歳前後で診断される。羊水検査などを用いて出生前からでも診断が可能なダウン症や、移動運動の発達の遅れから診断に結びつく脳性麻痺（おおむね2歳前後）に比べると時間を要するが、ADHD（おおむね就学前後）やLD（小学校低学年頃）など、その他の発達障害と比べてASDは比較的発見されるのが早い障害といえる。ASD児が3歳までにみせる特徴としては、養育者と目線が合いにくい、笑ったり泣いたりすることが少ない、抱っこを嫌がるなどがあげられる。このなかでも目線の合いにくさは、他者とのコミュニケーション形成の土台となる。特に、定型発達児においては生後1年半以内に生じるとされている共同注意（例えば、指をさして物を要求するなど、他者と注意する対象を共有すること）を図るうえで、また直後あるいはほとんど同時に生じる言語生成にも重要なはたらきを担っている。そのため他者の視線を早期にとらえることができるかが、ASDのコミュニケーション発達に大きく影響する。近年、視線の一致をはじめ、ASDのその他の諸症状を改善することをめざした早期療育方法の1つとして、オペラント条件づけ理論を源流とする応用行動分析（ABA：Applied Behavior Analysis）技法に基づくESD（Early Start Denver Model for Children with Autism）モデルが注目を集めている。例えば、「視線の一致の獲得」をめざす指導者は、子どもと一瞬偶然的に一致した視線を察知し、即座に強化的フィードバック（ほめるなどの快刺激）を与え、この繰り返しと蓄積がやがて自発的な他者と視線を結ぶことにつながるというものである（実際にはより複雑で段階的な療育プログラムが必要である）。このモデルは、2〜5歳のASD児を対象とした実践的な超早期療育法といえる。さらに、発達初期段階の「注意—認知—言語機能」の連動的な精神発達に対して包括的にはたらきかけうる潜在的有用性の高いアプローチ法といえ、今後注目していきたい方法論の1つである。

参考文献：柳澤亜希子「自閉症のある幼児への包括的アプローチ」『国立特別支援教育総合研究所研究紀要』第42巻，2015.

（水田敏郎）

第7講

重症心身障害児、医療的ケア児、その他の特別な配慮を必要とする子どもの理解と援助

障害児保育における課題の1つに、障害の重度化と多様化への対応があげられる。本講では、重度化の問題として重症心身障害児と医療的ケア児を、多様化の問題として心理・社会的な要因が背景にある愛着障害をとりあげる。Step1では障害と支援について解説し、Step2では発達の評価と代替(だいたい)コミュニケーションに関する演習を、Step3では重症心身障害児の心的反応について紹介する。

Step 1

重症心身障害児・医療的ケア児・その他の特別な配慮を必要とする子どもとは

重症心身障害児の概要と原因

　周産期医療の発達にともなって、わが国の周産期・乳幼児死亡率は近年著しく低い水準を維持している。かつては身体未熟状態での出生や周産期におけるトラブルは、新生児の命にかかわる場合も多かったが、現在では多くの命が救われている。一方で、生後に後遺症として重い脳障害を残すリスクは高まっている。重症心身障害や後述する医療的ケア児はこうした医療的な技術発達と反比例するかのようにその数を増しているようである。

　重症心身障害とは行政上用いられる用語（児童福祉法第7条）であり、肢体不自由と知的機能の障害が重複している状態を示し、その状態像は複雑多岐にわたる。その障害状態を明確に把握するのに多用されるのが、大島の分類である（図表7-1）。ここでは、IQが35以下で運動機能が「寝たきり」「座れる」に分類される図中の1～4に該当する児童を重症心身障害児（重症児）と呼ぶ。厚生労働省などのまとめによれば、大島の分類1～4に該当する人口頻度はおおむね1万人あたり3～4人とされている。

図表7-1 大島の分類

21	22	23	24	25
20	13	14	15	16
19	12	7	8	9
18	11	6	3	4
17	10	5	2	1
走れる	歩ける	歩行障害	座れる	寝たきり

（右軸：80, 70, 50, 35, 20, 0）

出典：大島一良「重症心身障害の基本的問題」『公衆衛生』第35巻第11号，1971.

　重症心身障害は、主に胎生期や周産期における脳障害に起因し、障害の発生時期により出生前（胎生期）の原因（染色体異常、脳形成異常など）、出生時・新生児期の原因（分娩異常、低酸素性脳症など）、新生児期以降（生後4週以降）の原因（脳炎、髄膜炎など）に分けられる。

重症心身障害児の特徴

　重症児に共通する特徴として、先の大島の分類でも示した知的障害と運動障害があげられる。その他の合併症についてのまとめによると、筋緊張の強い亢進や、これに伴う側彎、胸郭の変形があげられる（大江ら，2014）。さらに、呼吸器系の障害、摂食・嚥下障害、消化器系障害も多くみられ、てんかん発作や睡眠―覚醒リズムの形成困難なども指摘されている（図表7-2）。

図表7-2 主な随伴症とその相互関係

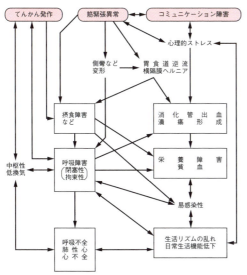

出典：舟橋満寿子「脳性麻痺の嚥下障害――小児科の立場より」『日本気管食道科学会会報』第49巻第5号，1998.

図表7-3 超重症児スコア

1	運動機能： 座位まで	
2	判定スコア	（スコア）
(1)	レスピレーター管理	＝ 10
(2)	気管内挿管・気管切開	＝ 8
(3)	鼻咽頭エアウェイ	＝ 5
(4)	O_2吸入または$SaO_2$90%以下の状態が10%以上	＝ 5
(5)	1回／時間以上の頻回の吸引	＝ 8
	6回／日以上の頻回の吸引	＝ 3
(6)	ネブライザ6回以上／日または継続使用	＝ 3
(7)	IVH	＝ 10
(8)	経口摂取（全介助）	＝ 3
	経管（経鼻・胃ろう含む）	＝ 5
(9)	腸ろう・腸管栄養	＝ 8
	持続注入ポンプ使用（腸ろう・腸管栄養時）	＝ 3
(10)	手術・服薬にても改善しない過緊張で、発汗による更衣と姿勢修正を3回以上／日	＝ 3
(11)	継続する透析（腹膜灌流を含む）	＝ 10
(12)	定期導尿（3回／日以上）	＝ 5
(13)	人工肛門	＝ 5
(14)	体位交換6回以上／日	＝ 3

出典：厚生労働省「医療的ケア児の地域支援体制構築に係る担当者合同会議」行政説明資料をもとに作成。

また、言語や運動表出の困難さから、他者からのはたらきかけに対する反応はとぼしい。また、反応がみられたとしてもその行動に対する心理的な意義を見いだすことが困難であるなど、理解や表現能力の制限、つまりコミュニケーション障害が共通してみられる。

医療的ケア児の概要と特徴

近年、重症児のなかでも、特に恒常的かつ濃厚な医療的ケアを必要とする重症児の存在が注目されている。鈴木ら（1995）は、こうした対象を超重度障害児（超重症児）と呼んだ。その判定には超重症児スコアが用いられている（**図表7-3**）。

運動機能は座位までとし、呼吸管理、食事機能、胃・食道逆流の有無、補足項目（体位変換、定期導尿など）の各項目のスコアの合計が25点以上であり、その状態が6か月以上続く場合、超重症児と判定される。平成29年度現在、医療的ケアを要する幼児児童生徒が占める割合は、全国の公立特別支援学校の約6％（8,218名）となっており、これは10年前から徐々に増加している傾向にある。平成29年度に文部科学省が行った特別支援学校等の医療的ケアに関する調査結果から、医療的行為の割合についてみると、多い方から、たんの吸引等呼吸器関係（68.0％）、経管栄養等栄養関係（23.1％）、その他（6.3％）、導尿（2.5％）の順に続く。必要な医療的ケアの件数が約2万7000件あることから、一人の子どもが複数の医療的ケアを必

要としている現状もうかがえる。

　このような対象は重症児と同様の知的・運動機能、コミュニケーション上の問題を共通にもち、そのうえで健康管理上の問題も併せもつことになる。したがって、生命に関する基礎的情報である体温、血圧、脈拍、血中酸素濃度等のバイタルサインで全身状態を常にモニターしながらの保育的・教育的なかかわりが必要となる。

重症心身障害児・医療的ケア児の支援

　重症児や医療的ケア児の支援を考える際、特別支援学校での自立活動が参考になる。重度の障害がある子どもに対する自立活動に関しては、まず、健康の保持が主眼となる。先に述べたように、重症児の多くは健康状態の維持・管理・改善が大きな課題となるため、生活のリズムや食事・排泄の習慣を形成したり、二次的な感染予防など環境管理を図ることが肝要である。そのため、指導者は対象児のバイタルサインにより全身状態を把握することが必要である。

　また、他者の意図や感情を理解することや、自己の理解と行動調整にかかわることなど、人間関係の基礎を形成することも大きな課題である。さらに、自己のコミュニケーションの意図を伝える力が弱いため、残された感覚・運動機能を最大限に活用し、意思のやりとりを行う支援が必要である。

　実際の指導においては、実体験の積み上げに基づく概念形成と、個に合った情報提示や情報発信の工夫、対象の興味・関心にそうことなどが求められる。重症児は定型発達児や軽度の障害児に比べると生活経験が極端に少ないことから、抽象的な思考・概念を確立する前に必要な具体的体験を十分に増やし、概念形成を助けることがのちの言語の理解・活用にも有効である。

　さらに、限られた感覚様相、運動機能のなかから個に適した情報の交信手段を講じることも必要である。特定の場面や刺激に対して発する微細な表情の変化や身体運動を見過ごさず、その刺激―応答性に対して指導者は的確なフィードバックをしていくことが大切である。わずかな子どもの動きに即応答していく（例えば、子どもがある刺激に対して口を開けたことを拒否的サインとみとめ「嫌だったんだね」などと声かけをする）ことで、子どもは自己の行動に信号的意味づけを獲得しやすくなる。こうした限られた行動レパートリー（上の例のほか、まばたきや舌の動きなど）に対して異なる意図を読み取り（形成し）、言語化することを繰り返し積み重ねることが、重症児とのコミュニケーションを豊かにする。

　このようなコミュニケーションサインは、拡大代替コミュニケーション（AAC；Augmentative and Alternative Communication）と呼ばれる。AACは、コミュニ

ケーション能力に障害のある人が本人の残存能力（言語・非言語問わず）とテクノロジーの活用によって、自分の意思を相手に伝えることを意味し、先に示したようなノンテク（表情、身振り手振りなど）、ローテク（文字盤、絵カードなど）、音声出力会話補助装置（VOCA；Voice Output Communication Aids）を代表とするハイテク（近年はタブレットPC用アプリなどもある）の3種のものが活用されている。

学齢期における医療的ケアの現状

厚生労働省の調査では、全国の医療的ケアを必要とする子どもの数は推計で約1.7万人（平成28年厚生労働科学研究田村班中間報告）とされており、そのうち約9000人が特別支援学校や公立小・中学校で学んでいる。

医療的ケアで行われている痰の吸引や経管栄養などは医行為であり、医師免許や看護師等の免許をもたない者は行うことはできなかったが、「社会福祉士及び介護福祉士法」の改正にともない、2012（平成24）年4月より社会福祉士及び介護福祉士法施行規則に定められる研修を受けた教員（認定特定行為業務従事者として認定された者）が一定の条件のもとに5つの特定行為（「経管栄養（鼻腔に留置されている管からの注入）」「経管栄養（胃ろう）」「経管栄養（腸ろう）」「口腔・鼻腔内吸引（咽頭より手前まで）」「気管切開部（気管カニューレ内）からの吸引」であるが、各都道府県教育委員会で認定許容する行為が異なる場合がある）に限り児童生徒へ

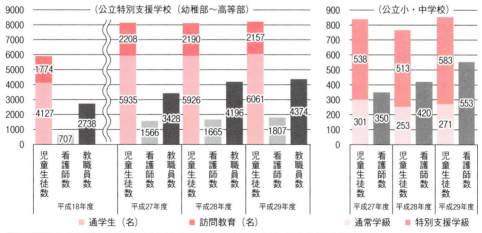

図表7-4 医療的ケアの対象となる幼児児童生徒数・看護師数・教職員数の推移

（注）教職員数は、認定特定行為業務従事者として医療的ケアを実施する教職員の数。平成27年度は9月1日現在。
資料：文部科学省「特別支援学校等の医療的ケアに関する調査」2017. をもとに作成

の医療的ケアを行うことができるようになっている。

　学校に配置されている看護師のほか、一定の研修を受けた教員も医療的ケア児への対応を行っているが、複数の医療行為を要する児童生徒への対応や、医療行為が高度化・複雑化するなかで、人工呼吸器を使用している児童生徒への医療的ケア等、看護師等の医療関係者しかみとめられていない行為も増えている。

　学校内での体制整備に加え、医療や福祉等との連携強化が求められている。

その他の特別な配慮を必要とする子ども

　これまで述べてきたような脳障害に基づく病理機制が明確な障害のほかに、心理社会的要因によって問題行動を呈（てい）する幼児がみられる。その1つがいわゆる愛着障害である。「愛着（attachment）」という言葉は、1958年にイギリスの精神科医ボウルビィ（Bowlby, J.）によって示され、選ばれた存在に対してだけくっついたり後追いしたりするなどの本能的に接触を維持しようとする愛着行動がみられ、それ以外の対象に対してはむしろ抑制されると説明された。また、有名なサルを対象とした観察からは、愛着対象に接触していれば新奇（しんき）な物体などにアプローチする行動を示し、あたかも愛着対象が探索行動（たんさくこうどう）のベース（本拠地）としてはたらくことも示された。

　この「発見」の源流を、イギリスの精神科医スピッツ（Spitz, R. A.）に見いだすことができる。彼は第2次世界大戦による戦災孤児（せんさいこじ）が入居する施設内で調査を行った。その結果、施設内の子どもたちが人との接触を求めず、自傷行為を示し、目的のない行動を繰り返す常同行動を頻繁（ひんぱん）に呈することに気づき、このようにして人とのかかわりの欠如が、心理・情緒的発達（じょうちょてきはったつ）の遅れをもたらした状態を「ホスピタリズム（施設病）」と名づけた。当時（1940年代）はまだ自閉症という概念はなかったが、この症状はそれと混同されてもおかしくないものであった。

　スピッツやボウルビィのあと、一般家庭で育った子どもでも虐待（ぎゃくたい）や育児放棄（ネグレクト）を受けた場合には、対人関係や社会的、認知的発達に遅れがみられることが明らかにされた。現在、アメリカ精神医学会の診断基準（DSM-5）では反応性愛着障害と分類され、「第四の発達障害」とも称される。具体的には、養育者が暴力をふるうケースでは、家庭内で安心して過ごせず、常に緊張した状況が続くことから、過剰（かじょう）な覚醒状態、いわゆるテンションの高い状態が維持される。またネグレクトのケースでは、養育者から関心をもってもらえず、感情の共有がされないことから、環境に対してまったく無関心なまま育つ。こうした状態像から、実際の鑑別（かんべつ）・診断上は注意欠陥（欠如）・多動性障害（ADHD）や自閉症スペクトラム

(ASD）と混同されることが多いが、遺伝的要因により生じている発達障害では行動に一貫した障害の特性がみられるのに対して、愛着障害では多動や意欲にばらつきがみられることが多い。

わが国における児童虐待の件数は、年々増加傾向にある。平成29年度には警察から児童相談所に通告された児童数は6万5431人にのぼる。そのうち、最も多くかつ顕著に増加しているのが、無視やきょうだい間差別などの心理的虐待（4万6000人以上）であることから、家族などへの周辺支援あるいは予防的観点からも、今後注意を払うべき新たな問題ともいえる。また、ほかの身体的虐待なども徐々に増加傾向にある。特に、急性の強いストレスが与えられたり、長期間にわたり心的外傷的出来事にさらされることで、心的外傷後ストレス障害（PTSD；Post Traumatic Stress Disorder）を呈する場合もある。PTSDは、心的外傷的出来事が繰り返し起こっているかのような感覚（フラッシュバック）、その出来事に関連する場所や行為の回避、恐怖・悲しみなどの増強、遊びの活動への参加の抑制、睡眠障害や集中困難などで構成され、やはり発達障害と類似の状態を呈する。

愛着障害を有する子どもへの支援

ここでは、米澤（2014）による愛着障害に対する「愛着修復プログラム」をもとにその支援を概観する。まず必要なのが「受け止め方の学習支援」である。具体的には、①キーパーソンの決定と役割分担によるわかりやすい支援体制（子どもと1対1の関係を構築）をつくり、②受容による信頼関係の構築（例えば、ある行動に対して、「わかるよ」「そういうつもりだったんだね」という言葉かけや、「こうすればこうなるよね」と行動の結果について話すことで、行動ではなく意図を受け入れるようにするなどする、そして、③感情ラベリング支援（気持ちの受け止め方支援）による信頼関係を確立する。ここでは、気持ちに名前をつける感情のラベリングを同じ口調、表情で繰り返すことで安心感をもたせる。さらに、④「具体的行動」「その成果」「付随する感情認知」「キーパーソンとともにの意識」を振り返る支援（何をするとどんなよいことが起こり、どんな気持ちになり、だれといるとなったのかに気づく支援）を行う。このプログラムは次に「大人主導のはたらきかけへの応答学習」の段階へと続くが、就学前において愛着の再構築を支援するには、こうした初期の受容と信頼の獲得を繰り返すことが重要であると思われる。

Step 2

演習 1　発達初期段階の発達評価の方法を知ろう

課題

　Step 1 で解説した大島の分類（1971）では、運動機能障害の程度と知的機能の水準（IQ）の 2 つの軸から障害の重複状態を区分したが、重症心身障害児（重症児）や医療的ケア児、その他の特別な配慮を必要とする子どもたちの療育現場では、言語理解や運動の表出の困難さから、標準化された知能検査を用いることが難しい。そのため、行動観察やインタビューに基づく発達評価法が開発されてきた。

　代表的なものに遠城寺式乳幼児分析的発達診断検査、乳幼児精神発達診断法、新版Ｋ式発達検査などがある。特に遠城寺式乳幼児分析的発達診断検査は、乳幼児の発達を「運動」「社会性」「言語」の3つの分野から把握し、分析的にとらえることで、全体的な発達の特徴を明らかにすることができ、発達初期の障害スクリーニングにも多用されている。

　本演習では、こうした発達検査を実際に行い、それぞれの検査の特徴や特長を知ることを目的としている。

進め方

（1）準備するもの

　遠城寺式乳幼児分析的発達診断検査、乳幼児精神発達診断法、新版Ｋ式発達検査などのうち2つ以上と各検査の実施マニュアル、筆記用具。

（2）方法

① 各検査の適用年齢、検査に用いられている発達の領域（分野）と各発達段階でチェックする観察対象行動を拾いあげ、共通点と違いについて調べてみる。

② 特定の発達検査を用い、乳幼児を対象に実際に行動観察を行い、アセスメントしてみる。検査の対象となっている行動を実際にその場で観察することが困難な場合は、担当指導者や保護者などから園や家庭での様子を聴き取り、評価を補う。

解説

　発達初期段階における障害のスクリーニングは、小児科領域で行われている。ここで紹介した発達検査のうち、遠城寺式乳幼児分析的発達診断検査は検査者としての特別なトレーニングや道具を必要としない比較的簡易かつ有用性の高いものである。発達の程度は発達指数（DQ；Developmental Quotient）として示される。

　各発達段階でチェックされる観察対象行動は、その段階における子どもの発達課題となるため、実際にできない行動がみとめられた場合はその行動が対象児の、いわば次の発現目標とすべき行動となる。さらに、検査の結果は運動、社会性、言語の発達バランスが、わかりやすい折れ線グラフ（プロフィール）として示されるため、保護者にとっても理解が容易であることも特長である。さらに、その他の検査にも慣れ親しむことで、子どもの発達状況をとらえる客観的な視点をもつことができる。

　また、発展的な演習として、さまざまな事例（重症児に限らない）を扱った文献を取り寄せ、事例の臨床像や発達状況を記述した箇所を抽出し、行われている発達検査のプロフィールや発達指数と障害名に関連がみられるかを調べることも意義がある。各障害に共通する特徴や違いなどに目を配れることは、障害児保育の実際においてきわめて重要である。

演習2　代替コミュニケーションを知り、体験してみよう

課題

　重症児に限らず、感覚機能、知的機能や運動機能などに障害がある場合、コミュニケーション手段が限られる。例えば、聴覚に障害がある場合は、指文字やキュードスピーチ、手話(しゅわ)などの身体を用いた視覚的サイン言語が用いられる。Step 1で述べたように、このようなコミュニケーションサインは、拡大代替コミュニケーション（AAC）と呼ばれる。

　本演習では、実際の療育現場などで使用されているAACの種類を調べ、実際に取り扱う体験を通して、文字や音声言語以外のコミュニケーションツールとそれを用いた障害のある人の支援の実際を理解することを目的としている。

進め方

（1）準備するもの

　インターネットとプリンターに接続可能なPC、印刷用紙、はさみ、筆記用具など。

（2）方法

① インターネットや障害のある人のコミュニケーション支援に関する書籍、文献を用いて、現在使用されている具体的なAACの手段や機器を調べてみる。また、調べたAACノンテク、ローテク、ハイテクのいずれに該当するのか、またその特徴などを表にまとめてみる。

② 無料で入手可能なAACの1つであるJIS絵記号を共用品推進機構のホーム

図表7-5　JIS絵記号の例

好き　　　　　　　幸せ　　　　　　　不味い　　　　　　面白い

ページ（http://www.kyoyohin.org/）からダウンロードし、必要な絵記号10〜20枚程度についてワープロソフトなどを用いて適切なサイズに加工・配列したものをプリントアウトする。印刷された絵記号をはさみなどで1枚ずつカットし、同じ分類項目ごと（人物や動きなど）にまとめ、絵記号の意味を確認する。その後、2〜3人が1組となり、1人が絵記号だけを、その他の人は音声言語を用いてやりとりを行う。1人が絵記号で表している内容を答えるようなクイズ形式をとってもよい。

解説

JIS絵記号は、2005（平成17）年に経済産業省が定めた「コミュニケーション支援用絵記号デザイン原則」規格に基づきデザインされたシンボルである（**図表7-5**）。文字や音声言語によるコミュニケーションの困難な人が、自分の意思を相手に伝え、理解してもらうことを支援するための絵記号に関する日本工業規格（JIS）である。使用が想定される対象は障害のある人だけにとどまらず、高齢者や外国人も含まれるユニバーサルデザインのコミュニケーションシンボルである。現在、約300のJIS絵記号が制作されている。

回答が1つであるようなやりとり場面で絵記号を使用することは難しくないが、2〜3語文以上のやや複雑な内容をやりとりする時は、統語ルールの共通理解が必要となる。現在、統語規則にも配慮した意思表示システム（高橋, 2008）も開発されており、今後の活用が期待されるところである。

Step 3

重症心身障害児の心的反応を客観的にとらえる

　Step 1、Step 2でみてきたように、重症心身障害児（重症児）や医療的ケア児に共通してみられる特徴として、精神機能と運動機能を含めた身体機能の重篤な障害がある。そのため、言葉かけによって介助者の意図を理解することが困難であることが多い。また、たとえ理解することができて反応を返そうとしても、言語を含め、意思を表出することに大きな制限を受けていることが珍しくない。

　こうした理由から、障害が重い幼児・児童の心理的応答をとらえるために、残存している運動機能を活用したさまざまな取り組みが行われてきている。例えば、保育者のはたらきかけに対する視線の動きやまばたきを観察したり、舌の出し入れやのどを鳴らすなど口元の動きの微細な変化との対応関係を調べることで、対象の意図を「イエス」（肯定）や「ノー」（否定）などのサインとしておき換えて用いるような方法である。このような言語以外の意思のやりとりは非言語的コミュニケーションと呼ばれる。残存する運動機能は対象児によって異なるため、上記のような心的変化が生じることが予想される種々のはたらきかけ（例えば、歌を歌ったり、照明を変化させるなど）を行った際に、からだのどの部分が反応するのかをつぶさに観察する根気の必要な取り組みとなる。特定の刺激に対し、何らかの身体的応答が安定して生じることが確認できれば、その応答に対して保育者が具体的にからだの応答をいい表したり、理解を示すなど、反応の分化（対象が表出した反応に対して「肯定的」あるいは「否定的」な解釈を言葉で返していくなどして明確な意味づけを繰り返し、定着させる）へと導くことが可能になる。

　さらに詳細な心的変化を客観的にとらえるために、生理学的心理学の手法も活用されている。以下では、重症児のより高次な認知機能を詳細に調べるために、中枢神経系や自律神経系反応について電気生理学的指標を用いた検討の試みを紹介する。

　指標として扱われるものの代表格が、脳波上に観察される誘発電位である。特に聴性脳幹反応（ABR；Auditory Brainstem Response）や視覚誘発電位（VEP；Visual Evoked Potential）は、従来から研究上でも療育上の基礎情報としても広く用いられてきた。脳波そのものは、頭皮上においた電極から大脳新皮質表面のニューロン活動を総合的にとらえたものであり、波の周波数の高低には睡眠―覚醒の意識水準が反映される。誘発電位は、さまざまな感覚刺激を与えたときに中枢における処理過程が刺激呈示直後の脳波上において観察される反応である。神経伝導路は感覚様相ごとに異なるため、刺激の種類によって誘発電位を構成する電気的成

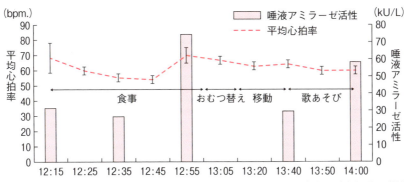

図表7-6 授業場面における医療的ケア児の心拍と唾液アミラーゼ反応

桑島康郎「環境刺激が重症心身障害児の心理機能に及ぼす影響——唾液アミラーゼ活性および心拍の日内変動を用いた検討」
『仁愛大学人間学部心理学科卒業論文』2018.

分や出現時間などに違いがみられる。ABRやVEPは、それぞれ音刺激や閃光刺激を用いて測定され、聴覚伝導路と視覚伝導路上のニューロンの興奮を時系列的に捕捉することで、刺激が末梢から中枢に至る信号経路上のどのレベルまで到達しているか、あるいは反応に遅れがないかなどが明らかとなり、聞こえの程度や障害の重さの指標となる。

また、自律神経系の指標として古くから心理学領域で使用されてきた心拍反応や、測定が容易であることから注目されている唾液中のアミラーゼ反応も、刺激に対する反応が微弱な重症児の心的反応を検討するために有用である。**図表7-6**は医療的ケアを要する特別支援学校小学部の児童を対象に、授業時間中の心拍と唾液アミラーゼを連続記録した結果である。心拍やアミラーゼの低下はリラクゼーションを表し、逆に上昇はストレス関連反応を表す。この事例は、食事後や歌遊び場面でリラクゼーション反応を示した。医療的ケア児は、常時バイタルサインのモニターを要し、生理反応の観測も日常的で、追加負担になりにくいという状況を利用することで、表面的にはわかりづらい心理過程がより詳細に理解できる可能性がある。

参考文献

- 舟橋満寿子「脳性麻痺の嚥下障害——小児科の立場より」『日本気管食道科学会会報』第49巻第5号，1998.
- 警察庁「平成30年版警察白書」2018.
- 桑島康郎「環境刺激が重度心身障害児の心理機能に及ぼす影響——唾液アミラーゼ活性および心拍の日内変動を用いた検討」『仁愛大学人間学部心理学科卒業論文』2018.
- 日本医師会小児在宅ケア検討委員会「平成28・29年度小児在宅ケア検討委員会報告書」2018.
- 大江啓賢・川住隆一「重症心身障害児及び重度・重複障害児に対する療育・教育支援に関する研究動向と課題」『山形大学紀要（教育科学）』第16巻第1号別刷，pp.47〜57，2014.
- 大島一良「重症心身障害の基本的問題」『公衆衛生』第35巻第11号，pp.648〜655，1971.
- 鈴木康之・田角勝ほか「超重度障害児（超重障児）の定義とその課題」『小児保健研究』第54巻第3号，pp.406〜410，1995.
- 高橋亘・柳内英二「PICシンボルによる知的障害者のコミュニケーション支援システム」『関西福祉科学大学紀要』11号，pp.49〜54，2007.
- 米澤好史「愛着障害・社交障害・発達障害への「愛情の器」モデルによる支援の効果——愛着修復プログラム・感情コントロール支援プログラムの要点」『和歌山大学教育学部教育実践総合センター紀要』第24号，pp.21〜30，2014.
- 名須川知子・大方美香監，伊丹昌一編著『MINERVA はじめて学ぶ保育⑨ インクルーシブ保育論』ミネルヴァ書房，2017.
- 井澤信三・小島道生編著『障害児心理入門 第2版』ミネルヴァ書房，2013.
- 独立行政法人国立特別支援教育総合研究所『特別支援教育の基礎・基本——共生社会の形成に向けたインクルーシブ教育システムの構築 新訂版』ジアース教育新社，2015.
- 岡田尊司『発達障害と呼ばないで』幻冬舎，2012.
- 梅谷忠勇・生川善雄ほか編著『特別支援児の心理学——理解と支援 新版』北大路書房，2015.
- 脳と障害児教育編集委員会・加藤俊徳・坂口しおり編著『コミュニケーション発達支援シリーズ 脳と障害児教育——適切な支援への模索』，ジアース教育新社，2005.

第8講

指導計画および個別の支援計画の作成

　本講では、個別の支援計画や指導計画について学ぶ。Step1では、個別の支援計画や指導計画とは何なのか、どのような内容が記載されるのかを理解する。Step2では、さまざまな自治体や保育所で作成されている様式を見比べたり、実際に自分なりに支援計画や指導計画を作成する。Step3では、個別の支援計画や指導計画を作成後に必要なことを理解するとともに、個別の支援計画や指導計画のかかえる課題について考える。

Step 1

1. 指導計画とは

　保育所は、保育の目標を達成するために、子どもの発達を見通しながら、計画的な保育を提供することが必要である。そのため、保育所においては、保育所保育の全体像を包括的に示す「全体的な計画」のもとに、「指導計画」「保健計画」「食育計画」など、さまざまな計画が作成される。なかでも、「指導計画」は、日々の保育を実施する際のより具体的な方向性を長期的および短期的な視点から示す中核的な計画である。実際の子どもの姿に基づいて、その時期にどのような経験を重ねてどのような育ちを期待するかを考えて保育のねらいと内容を設定し、それに必要な環境の構成と保育士等の援助を検討して作成される。

　一般的に保育（特に３歳以上児の保育）は、同年齢のクラス単位で行われることが多く、指導計画もクラス単位で作成されることが多い。しかし、実際の子どもたちは、同じ年齢といっても、成長の度合いも異なれば、性格・行動なども異なる。それゆえ、クラス全体の指導計画に加えて、必要に応じて個別の配慮が検討される必要がある。特に月齢による発達差が大きい３歳未満児においては、一人ひとりの個別の指導計画を作成することが求められている。

　障害のある子どもの保育にあたっても同じように、一人ひとりの障害の特性や状態を的確に把握し、その子どもに応じた個別の配慮が必要である。保育所保育指針の第１章「総則」の「３　保育の計画及び評価」の「(2)　指導計画の作成」には、指導計画作成上の留意事項等があげられているが、その１つに、障害のある子どもの保育についての下記のように記述されている。

> キ　障害のある子どもの保育については、一人一人の子どもの発達過程や障害の状態を把握し、適切な環境の下で、障害のある子どもが他の子どもとの生活を通して共に成長できるよう、指導計画の中に位置付けること。また、子どもの状況に応じた保育を実施する観点から、家庭や関係機関と連携した支援のための計画を個別に作成するなど適切な対応を図ること。

　保育所においては、ノーマライゼーションの考え方のもと、障害のある子どもも障害のない子どもも、一緒に生活をしていくことが原則とされている。そのために、障害のある子どもを交えたクラス全体としての指導計画が検討されるとともに、障害のある子どものための個別の指導計画を作成し、両者を関連づけておくことが求められる。

2. 個別の支援計画とは

障害のある子どもの支援は、特定の人や機関だけが行うものではなく、関係するさまざまな人や機関が連携することが大切である。また、その支援は、特定の時期だけではなく、生涯にわたって支援することが必要なことが多い。2002（平成14）年12月に出された「障害者基本計画」には、「障害のある子どもの発達段階に応じて、関係機関が適切な役割分担のもとに、一人ひとりのニーズに対応して適切な支援を行う計画（個別の支援計画）を策定して、効果的な支援を行う」ことの必要性が示された。

学校教育においては「個別の教育支援計画」という形で、乳幼児期から学校卒業後までの長期的な視点に立って、医療、保健、福祉、教育、労働等の関係機関が連携して、障害のある子ども一人ひとりのニーズに対応した支援を効果的に実施するための計画を策定することが求められている。その内容としては、障害のある子どものニーズ、支援の目標や内容、支援を行う者や機関の役割分担、支援の内容や効果の評価方法などが考えられている。

就学前の保育を担う保育所においても、就学前という発達段階に応じた支援計画を作成することが求められる。前ページで引用した保育所保育指針の記載においても、「子どもの状況に応じた保育を実施する観点から、家庭や関係機関と連携した

図表8-1　個別の支援計画

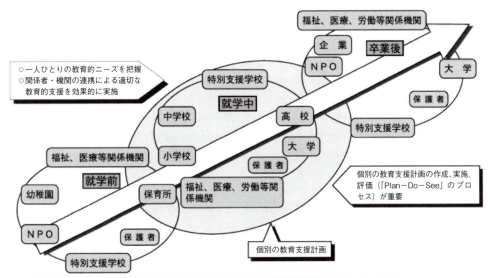

出典：独立行政法人国立特殊教育総合研究所「「個別の教育支援計画」の策定に関する実際的研究」2006. を一部改変。

支援のための計画を個別に作成するなど適切な対応を図ること」と記載され、その必要性が記されている。

3. 個別の支援計画や指導計画に記載される内容

　個別の支援計画も指導計画も、必ずしも様式が定まっているわけではなく、市町村や保育所によって異なっている。記載される内容もさまざまであるが、基本的には、子どもの過去、現在、未来という3つの内容からなっている。具体的には、おおよそ以下のような内容が記載されることが一般的である。

（1）子どもの成育歴

　子どもが生まれてから現在までの間、どのような育ちをしてきたかを理解することは、子どもの現在を見立て、今後どのような支援を行うか検討するにあたって重要である。出生体重や出産時の異常の有無など出産時の状況から始まり（必要に応じて出産前の妊娠期間中の様子を書くとよいこともある）、歩きはじめた時期やはじめてしゃべった時期、人見知りの有無や大人との関係性など、発達の過程にそってその特徴をまとめる。1歳6か月児健診や3歳児健診などの定期健康診査結果なども、結果がわかれば記載できるとよい。

（2）相談歴・療育歴

　子どもによっては、これまでに親が病院や療育センターなどの専門機関へ相談に行っていることもある。すでに療育を受けている場合もある。こうした相談歴や療育歴があるならば、どの時期に、どのような機関とかかわり、どのような診断を受けたり、どのような訓練を受けたりしたか、などを記載する。

（3）子どもの現在の状態

　支援や指導のための計画を立てるために重要なことは、子どもの現在の状態をアセスメントすることである。何ができて何ができないのかをできるだけ詳細に把握する。身体運動の発達、基本的生活習慣の獲得、言葉の発達、文字や数などへの関心、人間関係や社会性の発達など、いくつかの視点を設定し、それぞれの視点ごとにアセスメントできるとよい。その際、子どものできないことだけではなく、得意なことや興味をもっていることなども、きちんと把握することが大切である。

　アセスメントをする際は、担任の保育士一人だけで判断するのではなく、かかわりのある保育士全員で意見を交換することが望ましい。また、保護者から家庭の様子を聴き取ることも大切である。子どもは場面によって異なる側面をみせることがある。保育所ではできないことが家庭ではできることもあるし、その逆の場合もあ

る。どのような場面ででき、どのような場面だとできないかを把握できるとよい。

専門機関への相談歴がある場合は、発達検査などの結果も、子どもの状態をアセスメントする際に参考になる。

(4) 保護者の願い

子育ての一義的な責務は親にあり、親は子どもがどのように育ってほしいか、さまざまな願いや期待を抱いている。こうした親の願いにそって指導や支援が展開されることは大切であり、保護者と話し合いをするなかで、保護者の子どもや子育てに対する考えや思いを十分に理解しておくことが必要である。

(5) 具体的な目標・課題

子どものこれまでの育ちや現在の状態、保護者の願いをふまえ、何を課題として支援・指導するのか、どのような成果を期待するのかを記載する。子どもによっては課題がたくさんあり、複数の目標が想定される場合は、今、何が最も必要かを考えながら優先順位をつけることも必要である。

目標の設定にあたっては、まず長期的な展望をもち、卒園後の生活を想定しながら、おおむね1年程度先の子どもの育ちを見すえた長期目標を設定する。そして、長期的な目標を達成するために、まずは何から始めるかという喫緊の課題（おおむね数か月程度の課題）を短期目標として設定する。あいまいで抽象的なものではなく、具体的な形で設定することが望ましい。数量的に表すことが可能なものは、数量として目標設定すると、評価の際に目標達成のレベルを評価しやすくてよい。

(6) 具体的な指導・支援の方法

短期の目標を達成するために、どのような場面で、どのようなかかわりをするのかを具体的に検討する。指導や支援の対象となっている子どもに対するはたらきかけはもちろん、周囲の子どもに対するはたらきかけ、保育室や遊具など物理的な環境へのはたらきかけなど、さまざまな視点からの支援を考える。

保育所が立てる支援計画や指導計画は、保育所での支援内容が中心となるが、保護者と連携して家庭で取り組んでもらうことや、専門機関等で受ける支援等についても視野に入れ、総合的な計画となることが望ましい。

(7) 成果の評価

一定の時期がきたら、支援や指導の成果を評価する。まず、子どもの変化を記載し、短期目標がどの程度達成できたかを検討する。短期目標の達成の有無にかかわらず、目標や具体的な支援や指導の内容が適切であったかどうかの振り返りもできるとよい。そして、短期目標の達成レベルや支援・指導の内容の妥当性に応じて、短期目標の修正あるいは新たな短期目標の設定などを行う。

Step 2

> **演習 1** 個別の支援計画や指導計画の様式を理解しよう

課題

　個別の支援計画や指導計画の様式は、自治体や保育所等によってさまざまなタイプのものが作成されている。多様な個別の支援計画や指導計画の様式を目にすることで、個別の支援計画や指導計画に対するイメージを形成する。また、複数の様式を比較することを通して、個別の支援計画や指導計画として必ず記載されている内容にはどのようなことがあるかを理解する。

進め方

（1）準備するもの

　自治体や保育所等が作成した個別の支援計画や指導計画の様式。
　事前に各自で、インターネットの検索サイトで「保育」「個別の支援計画」「個別の指導計画」等をキーワードとして検索し、いくつかの様式を探しておく。

（2）方法

① 事前に準備した個別の支援計画や指導計画の様式をグループで持ち寄り、できるだけさまざまな様式を見比べる。
② どのような内容が書かれるようになっているかを考える。例えば、**Step 1**の「個別の支援計画や指導計画に記載される内容」の項目がどの程度含まれているか、**図表8-2**のような表にまとめてみてもよい。各自でつくった表をグループで話し合ったり、クラスで発表し合ったりする。参考として、標準的な内容の様式例を示す（**図表8-3**）。

図表8-2 個別の支援計画や指導計画に記載する事項の比較整理表の例

	成育歴	相談歴	現在の状態		成果	その他・特記事項
○○県	○	○	○		○	
××県		○	○		○	連携機関のリスト
△△市	○		○		○	現在の状態欄は、保育所と家庭に分けて記載する

図表8-3　個別の支援計画の様式例

個別の支援計画

年　　月　　日
作成者：＿＿＿＿＿＿

ふりがな		性　別		生年月日	
氏　名				年　　月　　日生	
住　所		電話番号			
成育歴		保護者氏名			
		家族構成			
園での様子		家庭での様子			
得意なこと		保護者の思い			
苦手なこと		専門機関とのかかわり			
目　標					

支援の内容	評　価
≪園で≫ ≪家庭で≫ ≪その他≫	

第8講　指導計画および個別の支援計画の作成

演習 2　個別の支援計画や指導計画を作成してみよう

課題

　子どもの実態から、どのような課題や目標を設定して支援をしていくとよいかを自分なりに考える。個別の支援計画や指導計画の様式に、子どもの実態や課題をまとめることを通して、個別の支援計画や指導計画を作成する疑似体験をし、個別の支援計画や指導計画を作成するためにどのような情報が必要かを考える。

進め方

（1）準備するもの

・個別の支援計画や指導計画の様式。教員があらかじめ様式を準備して配布してもよいし、演習1で探した様式のなかから、各自が最も好ましいと判断した様式をそれぞれ準備してもよい。
・障害のある子どもの事例。本書の他講またはほかの文献などに記載されているものでよい。できるだけ、子どもの実態が詳細に書かれているものが望ましい。

（2）方法

① 障害のある子どもの事例をていねいに読み、その子どもがどのような子どもか、自分なりにイメージをする。
② 準備した個別の支援計画や指導計画の様式に、①で読み取れたことを書き入れる。準備した様式に書く欄がないが、重要な情報だと思えば、欄外に書き出す。
③ 子どもの様子から、その子どもにとっての課題や目標、具体的な支援策などを考えてみる。自分で考えた目標や支援策も、赤ペン（自分で考えたところがわかるようにペンの色を変えるとよい）で支援計画や指導計画の様式に書き入れていく。支援策を考える際には、**図表8-4**なども参考にするとよい。
④ ③で目標や支援策を考えるにあたって、ほかに情報が必要であれば、どのような情報が必要かを考える。その情報を自分なりに仮定として設定し、②で書き入れた様式の空欄か余白部分に、赤ペンで書き入れる。
⑤ ④の情報も含め、あらためて③の作業を行い、必要に応じて書き足す。
⑥ 各自が作成した個別の支援計画や指導計画をグループで発表し合う。その際、完成した計画だけではなく、支援計画や指導計画を作成するにあたって、どのような情報を用いたか、その作成のプロセスを発表できるとよい。

Step2 プラクティス

図表8-4 具体的な支援方法の例

観点	項目	具体的な支援方法の工夫例
環境づくりからできる支援	教材・教具	・一人ひとりの実態に合った教材・教具・遊具を用意する。 ・活動内容や教材・教具・遊具の正しい使い方を視覚的に確認できるように、絵や図、写真などを表示する。 ・これから使う物や使い終わった物などが区別できるような箱を用意したり、活動の目標となる場所に表示をしたりする。
	教室・保育室内	・1日の予定をわかりやすく表示する。 ・活動を妨げるような音を出さない配慮をする。 ・教師の板書や説明、提示がわかりやすくなるように座席を設定する。 ・幼児・児童が落ち着くことができるような場所や自然環境（小動物、花壇、池など）を把握する。
幼児・児童とのかかわりのなかでできる支援	表情や態度、言葉づかい	・一度に複数の指示を出さない。 ・自分から進んで行動したときや小さな成功をほめる。 ・うまく表現できないことは教師が代弁したり、共感の声かけをしたりして、表現する意欲をもたせる。 ・幼児・児童が自分のペースで話ができるように、ゆっくり話したり問いかけたりする。 ・自分勝手な言動や要求をしたときは、その場で注意して理由を確認する。 ・幼児・児童が指示や注意を受け入れやすいような距離や接し方で対応する。 ・手順や活動内容を簡潔な言葉で伝え、表や図、カードを用意したり、動作化を取り入れたりする。 ・幼児・児童と一緒に教材・教具を使いながら、正しい使い方を確認する。 ・活動をやり終えるまで見守る。
	生活習慣	・「はい」「貸して」「ありがとう」など、時と場合に応じた言葉づかいを指導する。 ・順番を待ったり、並んだりする活動を繰り返し行う。 ・合図や音楽などを活用して、着席のためのきっかけをわかりやすくする。
	課題解決	・遊びや学習のさまざまな場面で選択肢を用意し、自分に合う課題や手順を選べる機会を設定する。 ・やりとげた達成感を味わえるように、課題や役割を段階的に増やしたり、完成までの過程を徐々に長くしたりする。 ・活動の間に気分を切り替えられるような時間を設定する。
幼児・児童の把握		・幼児・児童の下校（降園）後の活動の様子を把握する。 ・学年会などで日常的に幼児・児童の様子や指導について教師同士で情報交換をする。 ・保護者の話をじっくりと聞き、悩みや希望を受け止め、今後の支援について保護者と一緒に考える。

出典：「特別支援教育に関する研究——生活・遊び及び学習に関する幼児・児童の実態把握と教育環境の確認」『平成18年度　東京都教職員研修センター研究紀要』第6号, p.59. を一部改変。

Step 3

1. 個別の支援計画や指導計画を作成したあとの取り組み

計画書の管理

　個別の支援計画や指導計画（以下、支援計画等）は子どもの個人情報であり、個人情報保護の視点から、その取り扱いには十分な配慮が求められる。保管や閲覧に関する規程を保育所として定め、だれの目にも簡単にふれることのないようにすることが必要である。保管の際には、だれもが勝手に持ち出せないように鍵のかかる書庫に収納することが望ましく、管理責任者を定めておくことも大切である。パソコンによる情報管理が進んでいる現在は、インターネット経由での情報の流出や、外部メモリでの情報の持ち出しなどにも注意が必要である。

事例検討会

　個別の支援計画等を作成したあとは、計画にしたがって適切に支援・指導が行われているか評価することが大切である。そこで、事例検討会を定期的に開催し、対象の子どもに適切な支援・指導が行われているか、新たな問題点や課題がないかを議論し、個別の支援計画や指導計画の見直しや修正を行ったり、新たな目標や支援策を設定したりする。

　事例検討会は、対象となる子どもの担当保育士など、子どもの指導や支援にかかわっているものが参加して行われる。保育所によっては全職員が参加して行われることもある。また、必要に応じて、医療・福祉・教育機関などの専門家をスーパーバイザーとして交えて行うことも有益である。

　事例検討会は、個別の支援計画等作成後だけではなく、実際には個別の支援計画等を作成する前にも開催される。子どもの課題を関係者で話し合い、どのような支援が必要か、最初に個別の支援計画等を検討することも事例検討会の役割である。

関係機関との連絡調整

　子どもの支援に関しては、保育所だけですべてが行われるわけではなく、医療・福祉・教育の専門機関との連携が不可欠である。そのために、保護者の了解のもとに、それらの機関との連絡調整が求められる。特に就学にあたっては、入学予定の学校との打ち合わせや引き継ぎなどの連携が必要である。個別の支援計画等は、引き続き移行支援計画に引き継がれ、学校での教育支援計画へとつながっていく。

　学校では、学校内の関係する職員や学校外の関係機関との連絡調整をする役割と

2. 個別の支援計画や指導計画策定における課題

　やや古いデータになるが、2010（平成22）年にある市内の公私立保育所を対象に個別の支援計画等の策定状況を調査した研究がある。それによると、障害児としての認定を受けている子どもを受け入れている保育所のうち、個別の支援計画等を策定しているのは、わずか15％であった。すなわち、8割を超す多くの保育所は障害児を受け入れていても個別の支援計画等を策定していないという結果であった。

　保育所のデータではなく幼稚園のデータになるが、文部科学省の平成29年度の特別支援教育体制整備状況調査によると、個別の指導計画を作成している幼稚園の割合は68.5％、個別の教育支援計画を作成している幼稚園の割合は59.5％である。この数年で計画を作成している園の割合はおおむね年を追うごとに増加傾向にあるが、それでも計画が作成できていない園もまだまだ多い。個別の支援計画等を策定するというしくみがきちんと浸透するには課題が多いことがうかがえる。

　先ほどの調査では、個別の支援計画等を策定していない園から、個別の支援計画等の策定が困難な理由を聞いており、「関係専門機関・施設の連携が十分でない」「保護者の理解が得られないことが多い」「保育士の意識や専門的知識が不足している」「人手が不足している」などが、その理由としてあげられている。また、個別の支援計画等を円滑に策定するために必要な支援として、関係機関との連携強化や専門機関からの個別具体的な技術支援、障害の状況に応じた保育士の加配などがあげられている。保育者が支援計画等を作成・展開しやすいような仕掛けとして、アセスメントの仕方や記録の仕方などを工夫することを検討している研究もある。

　障害児をめぐる支援・指導計画には、さまざまな計画があり、支援者も利用者も、場合によってはそれらに振り回されかねないという問題もある。障害児通所支援や居宅サービス等を利用する障害児については、障害児支援利用計画を策定することが求められることから、同じような支援計画等を学校でも地域の相談支援事業所でも作成しなければならないという個別支援計画の制度的乱立を危惧し、無理に新規の個別支援計画を導入するのではなく、既存の記録を効果的に活用する取り組みもみられる。実際、保育所においては作成するべき書類も多く、保育士は多忙である。効率的で効果的な個別支援計画のあり方の議論も今後必要である。

参考文献

- 独立行政法人国立特別支援教育総合研究所「「個別の教育支援計画」の策定に関する実際的研究」2006.
- 加瀬進「近年の「個別の支援計画」をめぐる実践・研究・政策の動向と課題」『東京学芸大学紀要総合教育科学系Ⅱ』第65巻，pp.157～164，2014.
- 厚生労働省「保育所保育指針」2017.
- 厚生労働省「保育所保育指針解説」2018.
- 真鍋健「保育者が障害幼児の支援計画を作成・展開させる際に必要となる仕掛けとは？」『発達研究』第27巻，pp.81～94，2013.
- 文部科学省「平成29年度特別支援教育に関する調査の結果について」2018.
- 内閣府「障害者基本計画」2002.
- 中島正夫「保育所（園）に通う障害を持つ子どもに関する「個別の支援計画」策定状況などについて」『椙山女学園大学研究論集（自然科学篇）』第42巻，pp.13～25，2011.

第9講

発達をうながす生活や遊びの環境と子ども同士のかかわり・育ち合い

本講では、障害のある子ども一人ひとりの発達をうながすとともに、子ども同士がかかわり、育ち合う生活や遊びの環境とはどのようなものか考える。Step1では保育者が考慮すべき子どもの生活と遊びの発達と環境、障害児保育の形態、障害のある子どもがほかの子どもとつながっていく過程について学ぶ。Step2では具体的なかかわりや環境構成のために必要なことを演習形式で学ぶ。Step3では実際に障害児保育を行う際の留意事項をテーマにそって考える。

Step 1

1. 障害のある子どもにとっての環境への適応

　障害のある子どもの世界を、障害のない大人が実感することはとても難しい。視覚障害を例にとると、目を閉じて生活してみれば不便さの一端（いったん）はすぐにわかる。しかし実感しがたいのは、それが一時的なものではなく、さまざまなものごとを急速に身につける乳幼児期から日々続いていくものであることである。その子どもにとってはその不便さこそが当たり前で、障害のない状態こそがわからない。当然、かかわりは容易なものではないが、保育者側が困難をかかえているとすれば、おそらくその子どもはそれ以上に困難をかかえていると考えるべきであろう。

　障害があると一口にいっても、その状態は実にさまざまで、一人としてまったく同じということはない。それは、健常というくくりにおいても一人ひとり異なる個性をもっていることと同様である。子どもの内部状態だけでなく、子どもを取り巻く環境も家庭や地域社会、支援体制などあらゆるものが千差万別であるといえる。さらに、子どもの状態と環境は時間とともに変化していく。以上をふまえて、障害のある子どもにかかわる保育者は、発達の先のステップを見通しながら、一人ひとりの子どもに合った発達を保障することが求められている。

2. 身辺の自立に向けて

　専門職としての保育者の役割は幅広いが、子どもが基本的生活習慣を身につけ、身辺自立することへの支援は中心的なものの1つである。基本的生活習慣は、一生を通じた健康と日々の活動を支える重要なものであり、定型発達児・障害児の区別なく乳幼児期を通じて体得していかなければならない。しかしながら、障害児は定型発達児に比べてこれらに困難をかかえやすい。

　睡眠（すいみん）・食事・排泄（はいせつ）は、生きていくうえで不可欠の行動であり、これに問題をかかえるとだれもが十分な活動を行うことができなくなる。一般にこれらの行動は互いに連動しており、どこかに問題をかかえることですべてに悪影響が及ぶことが珍（めずら）しくない。例えば、睡眠周期が不規則になると必然的に食事や排泄のタイミングも不規則になりがちである。自らの生理的状態について、定型発達児であっても乳幼児期のうちは言葉で適切に表現することは難しく、ましてや大人のように自ら見通しをもって悪循環（あくじゅんかん）を断ち切るように行動することはほとんどない。障害がある場合、それぞれのかかえる状態に応じてさらに難しくなる。子どもの状態と家庭状況をふまえたうえで、悪循環を断ち切るためのはたらきかけや工夫が必要になる。

Step1 レクチャー

　着脱衣や手洗い、うがい、歯みがきあるいは衣服の汚れを避けるなどの清潔に関する行為についても、それぞれの障害により理解しがたく、さらにはその子ども自身にとっては必要性が強く感じられないことも多いため、日々のかかわりのなかで徐々に習慣づけていくことが必要である。

　また、基本的生活習慣を実際に身につけるには、それを実現するための動作の習得が前提となる。保護者や保育者など、子どもにかかわる大人はそれらをすでに身につけており、あまり考えることなく自動的に行っているが、これからそれを身につける子ども、特に障害のある子どもにとっては一朝一夕で身につくものではない。動作の完成形をすでに身につけた大人は、はじめから自分と同じようにやらせようとしてしまうことがあるが、子どもの発達段階を知り、現在どこまでが可能で、近い未来に何が可能になるのかを見極めたうえで、完成形に近づける努力を継続する必要がある。障害がある、または不器用な子どもの場合、上記に加えて特異的に苦手な動作への配慮・支援を生活や遊びのなかで行っていくことが望ましい。

3. 障害のある子どもにとっての遊び

　子どもは遊びのなかで、視覚・聴覚などの感覚機能を基盤として、身の回りの人的・物的環境を手がかりに、実際に自分の体を動かしてあれこれ試すことでさまざまなことを身につけていく。したがって、感覚や運動機能、知能、社会性などに障害があれば、それだけ得られる情報や可能な行為が少なくなり、学びの機会は相対的に少なくなる。実際、子どもは自ら内発的な遊びに対する欲求をもち、発達に応じて自発的に遊びを展開していく。しかし、障害のある子どもは、その障害ゆえにイメージや実際にできることが限定された結果として遊びの幅が制限されてしまう。したがって、現在可能な動作やイメージを基盤にしながら、そこから幅を広げるための環境を構築し、遊びを実践することが必要となる。

　感覚・運動遊びは、障害のある子どもの療育において中心的な活動の1つとなっている。感覚・運動機能は、生活動作も含めてさまざまな発達の基盤であり、子どもは自ら探索的にからだを動かして楽しむことで多様な感覚やからだの動かし方を学んでいく。しかし、障害の状態によっては、自ら体験できる範囲に制限が生まれることが多い。そのため、言葉やルールの理解が難しい、あるいは社会性に困難をかかえている子どもであっても、遊びに入りやすく、楽しみやすいように工夫することで、さまざまなものを感じたり、からだを動かしたりすることの楽しさを味わうことができる。また、ほかの子どもたちとも一緒に遊ぶことができるように配慮

することで、社会性を養うきっかけとして作用することもめざしたい。

　障害のある子どもが集団のなかで遊ぶことをうながすためには、まずスムーズにその遊びに入ることができるかどうかという段階から配慮・工夫する必要がある。例えば、音楽に合わせてからだを動かす遊びを行う場合、ほかの子どもにとっては適切な音量であっても、聴覚が過敏な子どもにとってはうるさく感じられ、遊ぶよりもそこから逃げ出したいという気持ちになることがある。また、こだわりが強く、みんなと遊ぶよりも自分の好きな遊びをずっと続けたがる子どもを例にとると、ほかの子どもと好きな遊びを一緒に楽しむ機会をつくることが1つの方法である。子ども個人の能力を伸ばしたいのであれば、いったん集団から離れて、その好きな遊びのなかに感覚・運動の幅を広げる工夫をすることも考えられるだろう。

4. 人的環境としての保育者の役割

　これまで述べてきた生活や遊びの支援には、保育者と子どもとの信頼関係が大きく影響する。例えば、環境の変化に過敏な子どもであれば、入園当初は園内に入る段階で嫌がることもあり、園内でもほかの子どもの姿や声が少ない職員室やトイレ、廊下など、保育室外に居場所を求めることが多い。こうした過敏反応は、ある程度限られた範囲の刺激であることが多く、まずはそうした刺激が少なく、落ち着ける居場所づくりが必要となる。そこをベースとして、遊びを通して少しずつさまざまな刺激に慣れていけるようにしていく。日々の生活や遊びのなかで、子どもを受容し、一緒になって楽しむことで、互いの愛着が生まれ、信頼関係につながっていく。その結果として、保育者との信頼関係が築かれていれば、保育者をよりどころとして、保育室内に入って活動に参加することができるようになる。子どもが「ここにいていいんだ」「先生と一緒にここにいたい」という気持ちをもてれば、生活や遊びのなかからより多くのことを身につけられるようになるだろう。

5. 障害児保育の形態

　現在の障害児保育の形態は、統合保育、分離保育、そして両者の中間的な形態である並行通園・交流保育に大別される（**図表9-1**）。統合保育の多くは、多数の健常児のなかで少数の障害児が生活や活動をともにするが、多数の障害児のなかに少数の健常児が入っていく逆統合保育、園内に特別支援の個別（専門）クラスを設ける特別統合保育という形態もある。分離保育では、障害児は専門の療育施設にのみ

通い、または入所して治療と保育・教育を一体的に受ける。近年では、週のうち3日は一般の保育所等で統合保育を受け、2日は療育に通うといった並行通園や、保育所等と近隣の療育施設が連携して、定期的に交流を行う交流保育による保育も増えてきている。

統合保育と分離保育

　障害のある子どもは、障害のない子どもと日々の生活、遊びをともにすることで、動作や言葉、人や物とのかかわり方などを学んでいく。自分がほかの子どもと違うところがあることに気づき、自らの障害を少しずつ認識していく機会となる場合もある。障害のない子どもにとっても、日々のかかわりのなかで、自然に人それぞれに違いがあることを実感し、互いを思いやること、助け合うことが必要なことを理解し、さらには、障害に対する偏見も生まれにくくなると考えられている。

　その反面、一般的な保育所等の多くは、障害のない子どもを保育することを前提に設置されているため、専門的な療育機関と比較すると、障害のある子どもの特別なニーズに対して十分に対応することが難しいことがある。施設・設備面では、例えば、肢体不自由のある子どもであれば、バリアフリーになっていない建物では活動が大きく制限されることになる。日々の保育内容も大多数を占める障害のない子どもたちに合わせたものになるため、障害のある子どもが参加できるような工夫が日々求められることになる。また、統合保育であっても個別のかかわりが必要なケースがほとんどであり、そのために加配保育士をおくことが多い。加配保育士だけでなく、園の職員全体がその子どもの障害の状態、医療・生活面での特別な配慮について把握し、対応していくことが求められる。

　分離保育は、専門的な療育機関において障害のある子どものみで構成された集団を保育・療育する形態であり、専門機関の種類もさまざまである。以前は障害の種別ごとに専門機関が分かれており、各種別に応じた支援を提供していたが、2012（平

図表9-1 障害乳幼児の保育形態

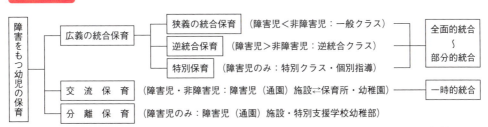

資料：園山繁樹「障害幼児の統合保育をめぐる課題——状況要因の分析」『特殊教育学研究』第32巻第3号、pp.58, 1994. を一部改変。

成24）年の児童福祉法の改正により、厚生労働省が管轄する療育機関は通所型・入所型と福祉型・医療型の組み合わせからなる4種類に再編された。また、文部科学省が管轄する機関としては特別支援学校がある。こちらも障害のある幼児・児童・生徒のみで構成され、一人ひとりの特別なニーズに合わせて教育を行う特別支援教育の理念に基づいて教育が行われている。

　これらの分離保育の利点としては、一人ひとりの障害の状態に応じた専門的な支援・教育を行えることが第一にあげられる。個々のニーズに応じた生活や遊び、自立に向けた訓練などを保育士も含む多様な専門職員が協働しながら行う。施設・設備面でも、一般的な保育所等に比べて、より障害のある子どもに合わせたものになっている。特に重度の障害のある子どもにとってこの環境の違いは大きい。反面、同年齢の障害のない子どもとふれ合う時間は少なくなるため、受けられる刺激は必然的に少なくなる。したがって、それだけ学びの機会が少なくなってしまうという側面もあるといえる。ただし、単にふれ合いによる刺激が多ければ必ず学びも多くなるとは限らず、障害の状態や発達段階によっては統合保育に適応しにくいケースもある。次項で述べる並行通園や交流保育などの形態も含めて、子どもの現在の状態と以後の発達をふまえた段階的な対応が肝要である。

並行通園・交流保育

　並行通園とは、一般的な保育所などと専門的な通所型の療育施設の両方へ並行して通う形態である。障害の状態や家庭状況、地域の特性などに応じて、療育施設と一般的な保育所等との通園方法が選ばれる。例えば、週のうち3日を保育所、2日を通所施設に通うといった形態になる。幼稚園に通う子どもであれば、週に3日、降園後から夕方まで児童発達支援に通うという場合もある。

　交流保育は、分離保育が行われている障害児施設や特別支援学校の幼稚部の子どもたちと近隣の一般的な保育所等に通う子どもたちが、定期的に互いに訪問して活動したり、行事などに参加したりするものである。障害のない子どもも含めた集団同士で交流することもあれば、統合保育を受けている障害のある子どもが療育施設で、あるいは逆に分離保育を受けている障害のある子どもが保育所等で、1人単位で数日活動するというケースもある。

　並行通園・交流保育は、専門的支援と障害のある子ども、障害のない子ども同士の育ち合いを両立させようとするものであり、両者の利点を活かそうとするものである。しかしながら、課題も多い。交流保育であれば、交流活動が年に数回程度で「特別」な機会になってしまうと、互いの日常的な深い学びは期待しがたく、形骸

Step1 レクチャー

化も懸念される。また、並行通園の場合、専門施設と一般的な保育所では生活・活動の進行が異なるため、子どもがその違いに適応できないと、より大きなストレスを感じることにつながることも懸念される。交流の形骸化、子どもの適応の問題に対処するため、活動内容や支援計画を保育所等と専門施設の間で連携して構築していく必要がある。

障害のある子どもが仲間とともに育つ過程

　障害のある子どもがほかの子どもから刺激を受けて成長するためには、そこに至るまでの過程が必要となる。それぞれのかかえる障害特性ゆえに、コミュニケーションがうまくいかなかったり、他者とかかわろうとする意識が希薄であったり、衝動的・攻撃的にふるまったりと、ともすれば仲間から排除されかねない行動上の問題をかかえることが少なくない。したがって、保育者が媒介となりながら、徐々にクラスのなかに溶け込んでいけるような配慮が必要となる。またその際には、障害のある子ども、障害のない子どもの双方の受け取り方や情緒に注意すべきである。

　障害のある子どもにとって、入園当初はほかの子どもたちだけでなく保育者も慣れておらず、よくわからない人たちに囲まれている状態といえる。性急にほかの子どもたちとつなげようとする前に、まず保育者との信頼関係が形成されることが必要である。1日の活動を助けられながら経験していくことで、園生活に慣れ、やがて周囲のほかの子どもたちにも注意が向くことが多い。

　ほかの子どもとのかかわりが増えてくると、それだけ子ども同士のいざこざも増える。保育者側としては、対応に追われるなかで後退を感じることもあるかもしれないが、それは他児への興味、かかわりが増えたことの裏返しであるという視点ももっておきたい。クラス全体で楽しい遊び・体験を積み重ね、仲間意識を育む方向づけを行っていくことが重要である。また、それぞれの子どもが好きな遊びをほかの子どもたちも楽しめるように工夫して行うことで、園での居心地のよさや自尊感情をもつことにつながる。また、ほかの子どもたちがその障害のある子どもをより理解するきっかけになることも期待できる。

　大人からみれば障害のある子ども・気になる子どもであっても、子どもからみれば「ほかのみんなともちょっと違う子」という認識になる。障害の有無にかかわらず、それぞれのよいところに気づき、一人ひとりの個性として理解するようなはたらきかけが重要である。そのためにも、保育者は自らの子ども一人ひとりのとらえ方にも幅をもたせ、視野を広げていかなければならない。

Step 2

演習 1　生活動作を分解してみよう

課題

① ふだん何気なく行っている生活動作をより小さなステップに分けて考える。
② 特定の機能が弱い子どもの生活動作を支援する具体的な行動を考える。

進め方

（1）準備するもの

　紙、筆記用具。

（2）方法

　保育場面で子ども自身が取り組む生活動作や遊びにどのようなものがあるか、さまざまな資料を利用してリストを作成してみよう。このような生活動作や遊びは、より細かいさまざまな動作や行動が複合的に連動している。そこで、リストのなかからいくつか生活動作や遊びを選び、**図表 9-2** のように細分化し順序立てて構成してみよう。その後、生活動作や遊びの行動がどの程度自立しているのかを評価すると保育者の取るべき具体的な行動が見えるだろう。

図表9-2　生活動作のプロセスとレベルの例

	上着のボタンを留める	自立している	言語指示があればできる	ジェスチャーがあればできる	見本を見せるとできる	手を添えるとできる	まだ難しい
1	一方の手の指でボタン穴の近くを持つ	○					
2	ボタン穴を広げる	○					
3	他方の手の指でボタンを持つ	○					
4	ボタンの向きをボタン穴に合わせる				○		
5	ボタン穴にボタンを差し込む				○		
6	ボタン全体が入るまで押し込む					○	
7	手を離す	○					
8	ハイタッチ	○					

Step2 プラクティス

演習 2　子どもたちが取り組む遊びの意味を考えてみよう

課題

① さまざまな資料を活用して、子ども同士がかかわる遊びをリストアップする。
② それらの遊びについて、遊びのなかで必要となる動作などの運動面の能力、ものごとのとらえ方などの認知面の能力、コミュニケーションなどの言語や社会性などの特徴をふせんに書き出し、整理する。
③ 遊びのなかで、子ども同士がかかわる回数が増加する、または、子ども同士がかかわり合う時間が長くなるように環境を構成するためには、それぞれの遊びに対して、どのような工夫ができるかを考える。

進め方

（1）準備するもの

ふせん、筆記用具。

（2）方法

保育場面でよくみられる遊びでは、子どもたちにどのようなスキルや力が求められるだろうか。例えば5歳前後の子どもたちが遊ぶ「戦いごっこ」を例にすると、**図表9-3**のように整理できるだろう。

複数の子どもが一緒に遊ぶ際には、保育者が子ども同士をつなぐきっかけを設定することは難しくない。最小限の介入ですませるために、どのような介入ができるのかを話し合ってみよう。

図表9-3　「戦いごっこ」で必要と考えられるスキル

運動面	認知・操作	言語・社会
・走り回る、飛ぶ、跳ねるなどキャラクターになるための動作ができる。 ・パンチやキックを寸止めしたり、調整したりできる。	・相手の表情や様子を見て状況を把握する。 ・手に持っている棒などを武器に見立てる。 ・だれが敵役なのかを一定時間覚えておく。	・遊ぶ際の役割分担ができる。 ・ルール変更などの交渉ができる。 ・喧嘩になったときに対処できる。

演習3　子ども同士のかかわり・育ち合いのために重要なことを、事例を通して考えてみよう

課題

① 事例を通して子ども同士のかかわり・育ち合いについて考える。
② 事例のなかで、子どもたちが変化したきっかけについて考える。

進め方

(1) 準備するもの

下に示す、特別な支援が必要な子どもがクラスの一員になっていく過程を描いた事例など。ここでは、担任保育者の語りとして示されているものを取り上げた。

(2) 方法

① 個人で事例を読んだ後、対象児の変化、周囲の子どもたちの変化、保育者のかかわりについて自分なりの感想をまとめる。
② 小グループをつくり、まとめた感想を述べ合う。障害のある子ども・障害のない子どもがまとまってクラスになるために、どのような配慮が必要かをグループ内で議論し、まとめたものを発表する。

事例

> ●特別支援対象児M君（5歳児クラス、男児）
> 　4歳児クラスからの入園であり、当初は言葉の遅れがあり、集団に入らず、一人遊びをしていることが多かった。お集まりや食事場面で、席に座っていると、立ち歩き、奇声を発するなど、周囲の子どもの嫌がることをする様子が頻繁にみられた。午睡時は室内を走り回るので、別室で個別対応をしていた。園は特別な支援を必要とする子どもと考え、巡回相談を依頼していた。巡回相談員は、知的発達面での問題がなく、経験不足による言葉の遅れと判断した。入園時はいくつかの単語を話す程度であったが、1年間で他者とのコミュニケーションには困らなくなっていた。
> ●支援児R君（5歳児クラス、男児）
> 　乳児クラスで入園。運動神経がよく、年中クラスのときには、ドッジボールやドロケイなどの遊びで活躍していた。その姿を見て憧れたほかの子どもが集まり、友達グループができあがり、R君はそのリーダー的な存在であった。

<4月当初>

　クラスにR君という子がいて、Y君とその他3人の子どもたちとグループになって、いつも一緒にいて、特にその子たちがM君を避けていました。R君は、何でもよくできる子でした。年中のころからクラスのみんなの憧れだったので、R君は自分が一番できる子だと考えるようになったらしく、友達に強い態度をとるようになっていました。グループの子どもたちは、R君が怖くて、自分の意見をまったく言うことができず、ほとんどR君のまねをして過ごしていました。（中略）それから、いつも一緒にいるわけではないのですが、時々集まって遊んでいる4人の子どもがいました。ほかのグループの子どもと比べると、マイペースな子どもたちです。そのなかでもGちゃんは、遊びのルールがわからなくて、R君のグループの子どもによく指摘されては泣いていましたね。残りの3人は、それぞれ一人で遊んでいることが多かったです。M君とその子どもたちは、電車遊びが好きで、時々一緒に遊んでいました。

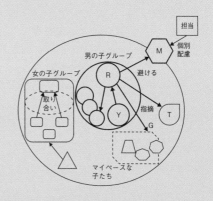

図表9-4　4月時点のクラスの状況

<4月>

　このころ、Y君がR君の真似をしていて、このままで楽しいのかなって、気になりました。ある日、私がおたまじゃくしの水を替えていると、Y君が覗き込んでいたので「やってみる？」と誘うとすごくいい表情になったんです。「これからまかせてもいい？」と頼んだらうれしそうに引き受けてくれました。そばで見ていたT君やGちゃんも「やりたい」と言ってきたので、「Y君に教えてもらって」と返すと、Y君が中心になって水替えの方法をT君とGちゃんに教えていました。その後、3人で餌やりの方法を調べて、調理室に食材をもらいに行くようになったんです。カエルになったのをT君が発見して、Y君とGちゃんを呼んで大喜びでした。

<〜6月>

　4月半ばから6月の間は、子どもが楽しめるような遊びと活動をとにかくたくさん用意しました。そのなかで折り紙と廃材を使った製作がクラスのブームになりました。グループ活動は、こちら（担任）でグループのメンバーを決めて、いろいろな子がかかわれるようにしたのと、活動しながら一人ひとりがお互いを意識できるような工夫をしました。例えば、グループで一つの物をつくったり、園内でスタンプラリーをしたり。スタンプラリーは、グループ全員のスタンプがそろわないとゴールできないので、みんなが協力しないとうまくいきません。だから、M君とグループになっている子どもたちはM君に声をかけざるをえなくなる。そんな状況をつくりました。

<5〜6月>

　グループ活動では、M君が集団からはずれてふらふらしていても、ほかの子が呼ぶと入ってくるようになりました。ですが、午睡のときは、M君が午睡室から出て行っても、ほかの子は何も言いません。6月のある日、M君が自分から「もう事務室に行く」と言うので、「もう少し待っててね」と言うと「ぼくは別」と言って、午睡室から事務室へ行こうとしたことがありました。「別」という言葉を聞いて、M君が自分は他の子と違う対応をされているのを意識していることに気づきました。それと同時に、ほかの子どもたちの思いを引き出すチャンスだと思いましたし、M君にも周りの子どもの気持ちを知ってもらいたいと思いました。

<6月>

　次の日の午睡明けに、みんなにM君のことを聞いてみることにしました。「みんな、昼寝のとき、M君が途中でいなくなるのを知っていた？」「どこに行くか知ってる？」と聞くと、「事務室」と答えます。みんなよく知っていました。「どうしてM君は事務室に行くのか知ってる？」と聞くと、子どもたちは、「うるさいから」「ふざけるから」「みんなを踏むから」「笑ったりするから」「邪魔だから」という答えが返ってきました。邪魔と答えたのはR君です。R君の言葉にひるみましたが、否定したら子どもたちが自分の思いを出せなくなると思い、子どもの言葉を繰り返すだけにしました。話し合ううちに、M君が事務所で絵を描いていることを知って、子どもたちから「M君だけ絵を描いているのはずるい」という声が何人かからあがりました。「朝、保育園に来たときに絵を描いたら？」という提案もでてきました。そこで、「M君は、○○組さん（年中クラス）のときは、昼寝のお部屋に入ると騒いだりしていたけど、今はどうかな」と、これまでのことを振り返ってみることにしました。子どもたちから、「はじめは静かにしているよ」という意見が出てきて、M君も落ち着いた表情になりました。

<7〜8月>

　生活グループを決めるとき、Y君とR君をあえて離すことにしました。というのは、運動会では年長クラスがオープニングダンスをすることになっていて、最後のポーズを生活グループごとに話し合って決めようと思っていたので、Y君は、R君と一緒だとまねばかりしてしまうと思ったからです。それで、かかわりが出てきたT君やGちゃんと同じグループにしました。Y君は、M君に対して少しずつ好意的な様子がみられるようになっていたので、同じグループにしました。ポーズ決めでは、Y君たちのグループはみんなで一つのタワーをつくることになりました。立ち位置を決めるときになると、Y君はグループをリードして「M君、ここに立って。Gちゃんはここ」と一人ひとりに声をかけていました。そのY君の姿を見て、大分自分を出せるようになって、自信がついてきたんだなあと感じました。

<8月>

　Gちゃんは何度練習しても、縄に入るタイミングがつかめずに跳べなかったんです。それでも挑戦しつづけました。Gちゃんがんばっている姿を見て、クラスの子どもたちが全員で「Gちゃん、がんばれ」と応援するようになっていました。そんなある日、Gちゃんが跳

ぶタイミングに迷っているとM君がGちゃんの背中をポーンと押しました。その勢いでGちゃんは縄のなかに入ることができて、跳べたのです。私はうれしくてGちゃんを抱きしめていたので、ほかの子どもの様子は見えなかったのですが、あとで、園長から全員の子どもが「やったー」と喜んでいたことを知らされました。それを聞いて、私はもっとうれしくなりました。そして、その日の給食の前、子どもたちがそろっているときに、みんなが喜んでくれたことがとてもうれしかったと伝えました。

＜12月＞
　夕方の時間、R君が「Y君たちが遊んでくれない」と泣いて訴えてきました。私がY君たちに「どうして？」と尋ねると、ちょっと黙ってから、「遊びたくない。だって怖いんだもん」とはっきり言ったのです。Y君がR君にやっと気持ちを伝えられるようになったと感じました。2日間くらい、R君とY君たちは気まずい感じで、グループでよく一緒にやっていたドロケイにもR君は入っていませんでした。でも、まったく一緒に遊ばないわけでなくて、ほかの子が折り紙や廃材で剣やベルトをつくっていると、Y君とR君がその遊びに入ってきて、楽しんでいる姿がありました。このあたりから、R君は、グループ以外の、自信がなくてドッジボールに入れない子に声をかけるようになってきて、変わってきたなと感じました。

＜1月＞
　劇づくりは子どもが「友達」と「学校」というテーマにそって、思いついたセリフを出し合い、それをもとに私がストーリーをまとめていきました。学校に行った子どもたちがいろいろな困難にあってあきらめてしまいそうなとき、先生がどんな言葉をかけたらよいかをみんなで考えていたときです。ある子が私に「『できないからってあきらめないで下さい』っていうのはどう？」とこっそり提案してきました。それは、以前にR君がドッチボールに入れなかった子どもに言った言葉でした。その時は、私がR君にどうしてその言葉をかけたのか理由を尋ねたところ、R君は「年長組の仲間だから」と答えました。R君が「仲間」と言ったことがうれしくて、クラスの子どもたち全員にその話をしたということがありました。そのときのことを覚えていたんですね。R君が言った言葉がほかの子から劇のセリフとして提案されて、クラスの子が互いにみとめ合っているんだなと思いました。

＜2月＞
　M君が長期欠席から戻ってきて劇づくりに参加できるようになったことをクラスの子どもたちに話しました。それを聞いたR君は小さくガッツポーズをしていました。それから、M君の役とセリフを急遽考えることになって、私自身、どうすればよいのか悩んでしまいました。そこで、子どもに相談したところ、次々と意見が出てきました。M君にそのなかから決めてもらい、劇の練習が始まりました。M君が「セリフむずかしい」と泣き出しそうになると、子どもたちが次々に「いいから、いいから」と劇のセリフを使って、励ましていました。

（資料：浜谷直人・五十嵐元子・芦澤清音「特別支援対象児が在籍するクラスがインクルーシブになる過程——排除する子どもと集団の変容に着目して」『保育学研究』第51巻第3号, pp.45〜56, 2013. より一部を抜粋・改変）

Step 3

1. 問題行動をどのようにとらえるか

　静かにしてほしい場面で騒ぐ、ほかの子どもに乱暴をするなど、「問題」な行動に困っている保護者や保育者は少なくない。集団生活を営む保育現場では、必ず子どもよりも大人の数のほうが少ないため、対応に追われるばかりで１日が終わることも珍しくない。しかしこの「問題」は、あくまで大人の側からみた問題である。子どもがそのような行動をみせるときには何らかの原因・理由がある。不快な状態だけれども自分では解決できない、状況・指示がよくわからない、やりたくてもどうすればよいのかわからないなど、「できない」「わからない」ことが子どもに困難をもたらし、だからこそ気づいてほしい、何とかしたくて大人にとって問題と感じる行動に出るのだという視点が必要になる。大人ですら「よく知らない場所」で「よく知らない人」と一緒に過ごさねばならず、そして「どうすればよいのかわからない」という状態におかれると、不安になり、落ち着きをなくすものである。

　子どもが安心・安全に活動できるように環境を整えることは障害のない子どもの保育でも障害のある子どもの保育でも変わらない。そのためには、まず人的環境としての保育者と子どもとの間で信頼関係が形成されていなければならない。信頼関係が十分でないときに、無理やりほかの子どもとの活動に加わらせようとしても、多くの場合反抗したり、無気力になったりして、活動に身が入らないばかりか、保育者との間の信頼関係にも悪影響が及ぶだろう。まずは受容的にかかわり、できるようになるまで待つことも支援だという視点が必要になる。また、問題行動のたびに強く叱責される経験を多く積むと、反抗挑戦性障害あるいは行為障害などの二次障害につながる可能性があり、そうでなくとも子どもの自尊感情は育ちにくくなる。

　発達を保障するという観点からは、何でも手放しで受け入れるというわけにはいかない。実際、望むままにさせるばかりでは適応的なふるまいを身につけることは難しい。問題行動の対処も含めてさまざまな形で支援することは大前提である。障害ゆえに伝えることやわかることに困難があったり、時間がかかったりすることが多いため、信頼関係を築き、受容的に支援・指導を繰り返した結果として、たとえ一部であれ身についていくのを待つことが必要である。問題行動とは子どものつらさ、困りごとを知るためのきっかけであり、成長発達につなげていくチャンスであるという視点をもっておきたい。

2. 保育所・幼稚園・認定こども園と専門施設の違い

　近年、並行通園や交流保育の増加にともない、専門施設と一般的な保育所等で二重の生活を送る子どもが増えてきた。しかし、それぞれで受ける保育・療育に違いがあり、それにとまどう子どもの姿もよくみられる。例えば、専門施設にいるときは落ち着いて活動できるが、保育所等では活動に参加できず、廊下などで一人遊びを繰り返すといったことがある。したがって、そのような子どもに対して活動内容や支援計画を充実させるために、保育者は一般的な保育所等と専門施設の違いについて理解しておく必要がある。

　まず、支援内容においては、保育所等は基本的に保育士が支援にあたるのに対し、専門施設では保育士を含めた数多くの専門職が支援を行う。医療型の施設では医師・看護師がおかれ、まず障害かどうかの診断、その後の療育方針の策定を行う。診断のために必要な検査には臨床心理士などがかかわっており、診断に応じて必要な治療・リハビリテーションには看護師、理学療法士（PT）、作業療法士（OT）、言語聴覚士（ST）などがかかわる。

　生活や活動内容にも違いがあり、特に多様な活動の時間の経過は、専門施設のほうがよりゆっくりとしたものであることが多い（**参考資料1参照**）。活動場面の切り替えも少なく、食事や着替え、排泄の時間も余裕をもたせられている。保育所等では、特に3歳以上児では身の回りのことを自分ですることが前提となり、活動の切り替えも早くなっていくので、並行通園の子どもはなかなかついていけず、とまどいがちになる。

　また、保育所等では年齢が上がるごとに集団が大きくなっていき、遊びも社会性・ルールの理解やより高度な運動機能を必要とするものになっていく。これに対し、専門施設では障害のある子どもだけのより小さな集団となり、より静かで落ち着いた雰囲気をつくるよう配慮される。遊びの内容も、言葉・ルールの理解や運動機能の障害に合わせて、生活・遊びの両面において感覚・運動遊びが主体となる。

　障害のある子どもたちは、保育所等でパニックを起こす、あるいはなかなか活動に入れないことが多い。このような専門施設との違いにつらさを感じているケースもあることを念頭においておく必要がある。専門施設との連携により、個々の子どもにとっての環境・状況を把握したうえで、可能な限りほかの子どもたちと一緒に園生活を楽しめるような配慮・工夫をすることが望ましい。

参考文献

- 池田久美子「特別な支援を必要とする子どもの仲間関係の発達に関する事例的検討──『身体』を視点として」『保育学研究』第52巻第1号，pp.56～67，2014.
- 石井信子・藤井裕子・森和子・杉原康子『乳幼児の発達臨床と保育カウンセリング』ふくろう出版，2008.
- 太田光世「統合保育における健常児と障害児の関係行動の変容過程」『情緒障害教育研究紀要』第5号，pp.29～32，1986.
- 尾崎康子・小林真・水内豊和・阿部美穂子編『よくわかる障害児保育』ミネルヴァ書房，2010.
- 小林保子・立松英子『保育者のための障害児療育──理論と実践をつなぐ』学術出版会，2011.
- 近藤直子・白石正久・中村尚子編『保育者のためのテキスト 障害児保育』全国障害者問題研究会出版部，2013.
- 園山繁樹「障害幼児の統合保育をめぐる課題──状況要因の分析」『特殊教育学研究』第32巻第3号，pp.57～68，1994.
- 浜谷直人・五十嵐元子・芦澤清音「特別支援対象児が在籍するクラスがインクルーシブになる過程──排除する子どもと集団の変容に着目して」『保育学研究』第51巻第3号，pp.45～56，2013.
- 原口恵美子「統合保育における保育者の役割──媒介機能を中心に」『情緒障害教育研究紀要』第11号，pp.95～100，1992.
- 森田惠子「統合保育の自由遊び場面における健康障害児と健康児の身体的接触の意味 社会的接触と援助的接触の差異」『日本看護学会誌』第24巻第2号，pp.42～51，2004.
- リサ・A・カーツ，七木田敦・増田貴人・澤江幸則監訳，泉流星訳『不器用さのある発達障害の子どもたち 運動スキル支援のためのガイドブック──自閉症スペクトラム障害・注意欠陥障害・発達性協調運動障害を中心に』東京書籍，2012.

第10講

障害児保育における子どもの健康と安全

本講では、障害児保育における健康と安全について留意すべきことを確認し、理解する。Step1では、障害児を保育するにあたっての健康状態の把握と安全管理についての基本を学ぶ。Step2では、多岐にわたる障害の状態に応じた健康・安全上の問題について、調査・整理し、議論することにより理解を深める。Step3では、保育者が子どもに医行為などの処置を行うにあたっての条件を整理し、確認する。

Step 1

1. 障害児保育における健康と安全

「預かった子どもを無事に親に返すこと」は、まさに保育の「最低限の仕事」といえるのではないだろうか。日々保育の場で営まれるさまざまな活動を通して、子どもたちは未来に向かって育っていくが、それを根底から支えているのが「健康」と「安全」である。保育士養成課程にはこの重要な事項を取り扱う「子どもの健康と安全」に関する科目があり、その内容を確実に学ぶことが重要である。そのうえで、障害児の健康と安全についてさらに深く考えていく必要がある。

障害児は健常児に比べて、健康面でも安全面でも問題をかかえやすいといわれている。その要因は2つに大別される。1つは、障害児は何らかの併存症をもつ頻度が相対的に高いことである。例えば、ダウン症児は先天的な心疾患を併せもつ確率が高く、その場合は健康管理により気を配らなければならない。もう1つは、各種障害の特性が、健康面や安全面においても、多くの場面で不利にはたらくことである。例えば、視覚の弱さがある場合、周囲にある危険な状況を察知しにくく、けがをしやすい。このような障害の特性に対しては、できる限り環境を調整して支援していく合理的配慮が求められており、それを欠いたことで生じた事故などにより裁判に至る可能性もあるため、注意したい。

そもそも健常児であっても、自らの健康状態を把握し、その増進に努め、危険を慎重に回避することは難しい。成人においても、成人病や交通事故が絶えない以上、皆が完璧にできているとはいいがたい。障害児の場合、さらにそれが困難になるということであり、だからこそ健康や安全を守り、そのための意識を少しずつでも伸ばしていくことが非常に重要であるといえるだろう。

2. 障害児の健康支援上の問題

障害児の健康問題を考えるとき、それぞれの障害種別の特性、併存症などを個別なものとしてとらえるだけではまったく不十分である。それらに加えて、生活習慣から生じる健康状態や保育・家庭環境の状況、その子どもの好きなことや嫌いなことなど、あらゆることが相互に作用した結果として、健康上の問題も含むさまざまな支援ニーズが生まれる。

このような多くの要因を頭のなかだけで考えていくことは困難なので、まずは国際生活機能分類（ICF）を用いて子どもの状態像を整理するとよい（図表10-1）。ICFの枠組みで分類する際には、対象児の否定的な面だけではなく、肯定的な面、

Step1 レクチャー

図表10-1　国際生活機能分類（ICF）に基づいたある ASD 児の状態像の例

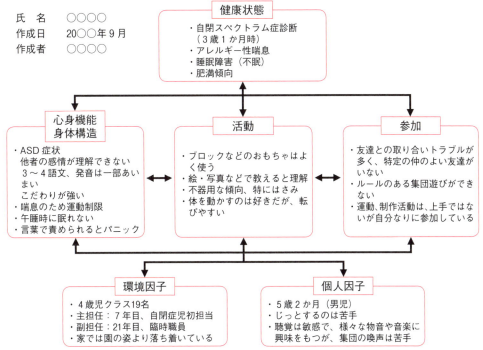

出典：障害者福祉研究会編『ICF 国際生活機能分類——国際障害分類改定版』中央法規出版，p.17，2002. をもとに作成。

図表10-2　図表10-1の例においてありうる相互作用の例

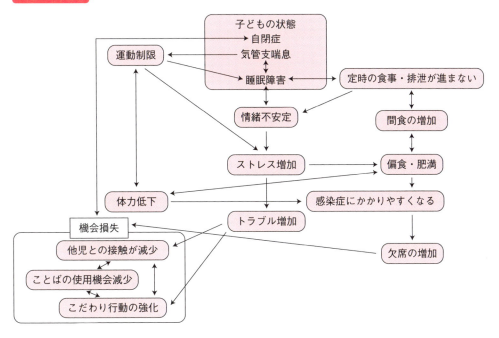

好みなども取り上げて、バランスよく整理するよう意識すべきである。そのうえで、今起こっている問題の分析を試みる。このとき、どのような悪循環が起こっているのかということを、特性・状態間の相互作用を考慮して推測していくことが重要である。**図表10-2**に、ありうる相互作用の例を示すが、これは一例であり、その組み合わせ、循環とその結果には膨大な数のパターンがある。また時間経過や出来事によってもそのありようは変化していくだろう。このようなことをふまえたうえで、一人ひとりの状態に応じて健康・安全面を含めたオーダーメイドな支援を行うための具体的な手だてを考えたい。

3. 障害児の安全管理上の問題

　障害児の安全管理のためには、まず施設全体の基本的な安全管理が徹底されていることが大前提である。基本的な資料としては、内閣府の「教育・保育施設等における事故防止及び事故発生時の対応のためのガイドライン」（2016（平成28）年）があり、事故の発生の予防や再発の防止、発生時の対応に向けた取り組みについて記されている。これに加えて、施設独自のより具体的な危機管理・安全管理マニュアルが整備されるケースが増えている。また、そのマニュアルを改善・向上していくために、事故の発生だけでなく、事故には至らなかったものの事故につながる可能性が考えられる事象を「ヒヤリハット」として報告・記録していくことが推奨されている。

　障害児は健常児に比べて、事故やヒヤリハットが多いといわれている。それは、子どもがもつ障害の特性により自ら「身をまもる」意識を身につけることがより難しいことと、その障害特性によって健常児では想定しえない行動が起こりうること、またそれに対する大人側の認識不足の両面がかかわっていると考えられる。例えば、ADHD（注意欠陥（欠如）・多動性障害）児は注意の持続が困難である、興味に応じて突発的に行動してしまうという特性から、転落や衝突事故が起きやすい。また、ASD（自閉スペクトラム症）児には、危険を察知する感覚が鈍い、または察知してもどのようにしてよいかわからないという特性をもつ子どもがいる。これを理解しないままに園外保育に連れ出してしまうと、道路で子どもが車にぶつかりそうになっても避けようとせずに、重大な事故になってしまう可能性が高くなる。このようなことに留意しつつ、施設内の環境調整に努めて、事故を未然に防止していくことが第一である。**参考資料2**（199ページ）として、障害児のための通園施設における環境整備をまとめたものを掲載した。保育所等でも、施設内

の環境調整、園外活動における危険か所の確認などにおいて、同様の枠組みで可能な限り環境調整を行っていきたい。

また、これらのことは個々の職員がバラバラに努力するのではなく、すべて職員間の共通理解のもとで行われなければならない。

4. 障害児における健康と安全の学び

保育者側が環境を整え、配慮していくだけでなく、障害児自身が自分の健康と安全を維持・増進できるように学んでいくことが望ましい。障害児が自身の健康や安全を理解できるように支援するためには、まずその障害特性に応じた合理的配慮が基盤となる。健康に関しては、例えば、外気温に鈍感なタイプのASD児は真冬であっても薄着であったりするため、大人側は「かぜをひくから服を着させたい」と思うものである。しかし、その子どもにとって服装とかぜの関係、あるいはかぜという状態そのものの理解がとぼしいならば、まずは紙芝居などを使ってそれらを具体的に教えていく工夫が求められる。安全面に関しては、例えば、交通安全教育を行うことを想定してみよう。知的障害児に赤信号・青信号の意味を教えること、聴覚障害児に後方からの車の接近があることを教えること、ADHD児に道路を横断する際に安全確認を徹底させることを実現するには、それぞれに異なった教育方法が求められる。視覚障害児の場合は、点字ブロックの利用や白杖（はくじょう）の使い方を教える必要があることや、交通安全の意識を高めるためによく行われる人形と自動車の衝突（しょうとつ）デモンストレーションの効果がほとんど期待できないためほかの方法を検討する必要があることなど、さらに特有の問題がある。

基本的な考え方として、児童期・青年期に至るまでの長期的展望のもとで支援していくことが重要である。特に保育所などの段階では、健康・安全という目的に限らず、後続するさまざまな指導の効果をより高くするために、感覚・認知、身体・運動、社会性やコミュニケーションなど全体的な育ちをうながすことがすべての基本である。特に、得意な感覚を通じて理解をうながすことと、言葉や概念ではなく具体的なものや体験から学びを支援することを強く意識する必要がある。

Step 2

> **演習 1** 障害児の健康問題にはどのようなものがあるか調べてみよう

課題

　障害児は健常児に比べて、健康の維持・増進においてもより多くの、多岐にわたる問題が生じやすい。そこで、特に障害児には、どのような健康上の問題が起こりやすいか、さまざまな資料を活用して調べてみよう。

進め方

（1）準備するもの

　右ページの**図表10-3**のような表、障害児や子どもの保健に関連した資料、筆記用具。

（2）方法

① 　まず個人または4〜6人のグループで、障害児やグレーゾーンの子どもの保健・衛生上の問題にはどのようなものがあるか、障害児保育にかかわるものだけでなく、「子どもの保健」「子どもの健康と安全」などの他科目の教科書や、図書館などにあるさまざまな資料も活用して調べ、表にまとめよう。

② 　グループワークをふまえたうえで、あらかじめグループをつくり、メンバーの半数が病気、残りが生活習慣といったように担当を決めておくと、調べる方向性も具体的になり、重複や偏りを少なくできる。1人あたりの項目数をノルマとして決めておいてもよい。なお、表をPCで作成し、入力していけば、枠の大きさや項目数を自由に変えることができるので便利である。

③ 　個人でまとめた表をグループで合体させ、より充実した大きな表を作成しよう。項目が足りない場合は、PCで作成して自由に項目数を増やすか、印刷したものを複数枚使用する。また、病気、生活習慣などカテゴリーに分けて作成するのもよい。できあがった表は、グループごとの学習成果として掲示するとより理解が広がるだろう。

Step2 プラクティス

図表10-3 障害児にみられる健康・安全上の問題の例

個人ワーク

問題	特徴の説明
例：異食（生活習慣）	健常児においても一時的に現れることがあるが、知的障害児にはより多く、継続した習癖としてみられる。
例：先天性心疾患（病気）	心臓の形成不全などで生まれつき心臓の機能に障害がある病気。ダウン症児によくみられ、運動制限が必要なケースも多い。

グループワーク

病気①	特徴の説明①
病気②	特徴の説明②
⋮	⋮

生活①	特徴の説明①
生活②	特徴の説明②
⋮	⋮

第10講　障害児保育における子どもの健康と安全

演習 2　障害児の行動特性をふまえて安全のために必要な配慮を考えよう

課題

　不慮(ふりょ)の事故を防止し、子どもの安全を確保するためには、実に多様な角度から保育を考える必要がある。子どもの行動特性や発達段階に応じて、環境を調整し、子どもたち自身が自分を守るために必要なことを身につけていけるよううながしていかなければならない。そこで、安全において必要なことを、環境調整とかかわり方に大別し、それぞれにおいて留意点(りゅういてん)や工夫について議論することで、理解の深化を図る。

進め方

（1）準備するもの

　大きめのふせん、筆記用具。

（2）方法

① まず、グループ分けを行う。右ページの**図表10-4**を参考に、グループごとに異なるテーマを担当する。グループ数に応じてテーマとする行動特性を適宜(てきぎ)増やしてもよい。

② それぞれのテーマごとに、安全のために配慮したいことを考え、環境の調整に関することとかかわり方に関することを色分けしてふせんに書き込み、貼り付け(はりつけ)ていく。考えるきっかけとして、保育所内の場所（廊下(ろうか)、階段、保育室、園庭など）や、活動の内容（自由遊び、集団活動、食事、排泄(はいせつ)、園外活動など）を想定する必要があるだろう。実習経験があるならば、実習での出来事などをもとに考えるとよい。また、障害児だからといって特別なことばかりを考えようとするのではなく、テーマの特性の傾向がある健常児にも共通する配慮をきちんと押さえていくことも重要である。

③ 作業終了後、グループごとに環境調整、かかわり方の要点をまとめ、発表する。教員による補足や質問・意見交換を通じて理解を深める。

Step2 プラクティス

図表10-4 障害児の安全のために必要な環境調整とかかわり方

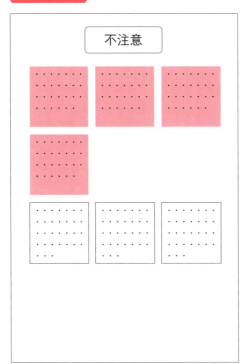

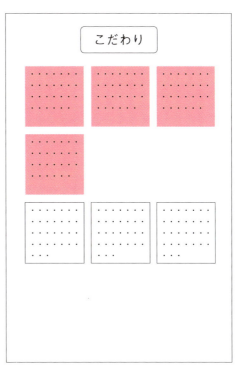

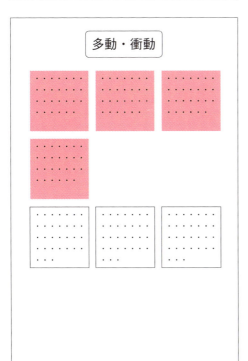

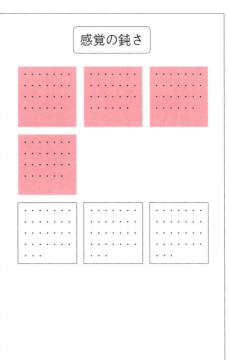

第10講 障害児保育における子どもの健康と安全

Step3

医行為と障害児保育

　障害児には、しばしば何らかの別の症状が併存している場合もある。そうした併存症には、継続的な医療行為が必要なものもあり、そのような場合には、通常、医師・看護師などの専門職や医療設備をもつ施設で療育を受けることになる。継続的な医療行為を必要としない子どもは保育所や医療体制をもたない施設で保育や療育を受けるが、ときには医療行為を必要とする場面がありうる。保育士は医療行為を業務として行うことはできないため、特に対応する機会が多くなりがちな障害児保育においては、どこまでが業務の範囲として行えるのか、しっかりと理解しておく必要がある。

　厚生労働省は、2005（平成17）年に「医師法第17条、歯科医師法第17条及び保健師助産師看護師法第31条の解釈について」という通知において「医行為ではない」、つまり保育士も業務内において行ってもよい行為について示している（**図表10-5**、**図表10-6**）。ここで重要なのが、ほとんどの行為に条件が付されていることである。条件の範囲外で行った場合には違法行為とみなされる場合があり、何より、子どもの身体を傷つけ、健康を損ねてしまう可能性もあることに十分留意しなければならない。加えて、これらの行為全般において、医行為とされないのはあくまで「原則として」であり、病状が不安定であること等により専門的な管理が必要な場合には、医行為であるとされる場合もありうるため、あくまで主治医や専門機関と連携したうえで行われなければならない。

　また、**図表10-5**の「与薬（薬を与える行為）に関する事項」については注意が必要である。基本的に、保育所等における与薬は医師の指示のもとで行うものであり、「保護者の代理として」与薬することははっきりとみとめられていない。したがって、薬剤は医師から処方されたものに限定すべきで、市販薬の与薬依頼に対しては断るべきである（安斎, 2001、前林, 2017）。また、実際上の手続きとしては、必要事項記入・サインがある与薬依頼書（様式は施設側が作成する）、薬剤情報提供書を保護者に要求すべきである。そのうえで、障害児の場合、ふだん依頼を受けている薬剤とは異なるものが処方されていることも少なからずあるため、薬剤情報提供書をよく確認して与薬するべきである。また、保育士だけが対象児にかかわるわけではないため、職員全員に対して情報を共有するようはたらきかけていきたい。

図表10-5　原則として医行為ではないと考えられるもの

行為		条件
体温測定		①水銀体温計・電子体温計による腋下での計測 ②耳式電子体温計による外耳道での測定
自動血圧測定器による血圧測定		なし
パルスオキシメータの装着		①新生児以外の者であって入院治療の必要がないもの ②動脈血酸素飽和度の測定を目的とするもの
軽微な切り傷、擦り傷、やけど等の処置（汚物で汚れたガーゼの交換を含む）		専門的な判断や技術を必要としない処置であること
与薬に関する事項	皮膚への軟膏の塗布	①褥瘡の処置を除く ②医師などが以下の3条件を満たしていることを確認していること (1)患者が入院・入所して治療する必要がなく容態が安定していること (2)副作用の危険性や投薬量の調整等のため、医師または看護職員による連続的な容態の経過観察が必要な場合ではないこと (3)内用薬については誤嚥の可能性、座薬については肛門からの出血の可能性など、当該医薬品の使用の方法そのものについて専門的な配慮が必要な場合ではないこと
	皮膚への湿布の貼付	
	点眼薬の点眼	
	一包化された内用薬の内服（舌下錠の使用も含む）	
	肛門からの座薬挿入	
	鼻腔粘膜への薬剤噴霧	

図表10-6　原則として規制の対象とする必要がないと考えられるもの

行為	条件
爪を爪切りで切ることおよび爪ヤスリでやすりがけすること	①爪そのものに異常がない ②爪の周囲の皮膚にも化膿や炎症がない ③糖尿病等の疾患にともなう専門的な管理が必要でない
日常的な口腔内の刷掃・清拭（歯、口腔粘膜、舌に付着している汚れを取り除き、清潔にする）	①重度の歯周病等がない ②歯ブラシや綿棒または巻き綿子などを用いる
耳垢を除去する	耳垢塞栓の除去を除く
ストーマ用装具のパウチにたまった排泄物の処理	肌に接着したパウチの取り替えを除く
カテーテルの準備、体位の保持	自己導尿の補助を目的とする
市販のディスポーザブルグリセリン浣腸器による浣腸	①挿入部の長さが5～6cm程度以内 ②グリセリン濃度50% ③成人用40ｇ程度以下、6歳～12歳未満の小児用20ｇ程度以下、1歳～6歳未満の幼児用10ｇ程度以下の容量のもの

参考文献

- 安斎芳高「保育所の与薬に関する法的側面とその対応への考察――これからの保育所における保健対応機能のあり方」『川崎医療福祉学会誌』第11巻第 2 号，p.231，2001．
- 小林保子・立松英子『保育者のための障害児療育――理論と実践をつなぐ 改訂版』学術出版会，2011．
- 古賀政好・山田あすか「アンケート調査を主とした就学前障碍児通園施設の運営実態と保育者による環境ニーズ」『日本建築学会計画系論文集』第79巻第695号，pp.59～68，2014．
- 前林英貴「保育所における医行為・でない行為の解釈についての検討」『島根県立大学短期大学部松江キャンパス研究紀要』第56号，pp.11～19，2017．
- 村井隆大・窪田眞二「障害児に対する教育課程や施設・設備等に関わる局面で争点となった裁判事例における「合理的配慮」に関する検討」『筑波大学教育行財政学研究室紀要』平成29年度，pp.1～16，2018．
- 文部科学省「障害のある子どもが十分に教育を受けられるための合理的配慮及びその基礎となる環境整備」 http://www.mext.go.jp/b_menu/shingi/chukyo/chukyo 3 /siryo/attach/1325887.htm
- 内閣府「教育・保育施設等における事故防止及び事故発生時の対応のためのガイドライン」2016．
- 徳田克己「障害児に対する交通安全教育と一般市民に対する交通バリアフリー教育」『国際交通安全学会誌』第27巻第 1 号，pp.32～44，2001．

第11講

職員間の連携・協働

障害のある子どもの成長・発達のためには、保育所の職員間の連携・協働だけでなく、保護者や専門機関、地域住民との連携・協働が必要である。

Step1では、保育所の職員と保護者、専門機関などとの連携・協働について学ぶ。Step2では、発達障害のある子どもについて関係者はどのように連携・協働したらよいか演習方式で学ぶ。Step3では、障害のある子どもの保育のあり方の変遷について確認する。

Step 1

1. 連携・協働とは

　連携という言葉は一般化されているため、協働の言葉の意味について簡単に述べる。

　協働とは、関係職員が障害のある子どもについてのケースカンファレンスなどを行い、個別支援計画を立て、その支援計画に基づいて、関係職員、保護者、関係機関がともに力を合わせて支援することである。

　障害のある子どもの保育は、この連携・協働のうえに成り立っている（**図表11-1**）。

2. 保育所保育指針における障害のある子どもの保育について

　2018（平成30）年4月に施行された保育所保育指針（以下、保育指針）では、第1章「3　保育の計画及び評価」「(2)　指導計画の作成」には、「キ　障害のある子どもの保育については、一人一人の子どもの発達過程や障害の状態を把握し、適切

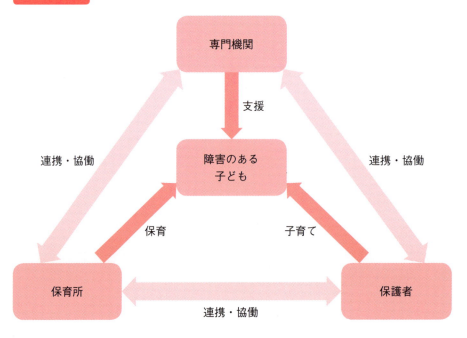

図表11-1　保育所と保護者、専門機関との連携・協働について

な環境の下で、障害のある子どもが他の子どもとの生活を通して共に成長できるよう、指導計画の中に位置付けること。また、子どもの状況に応じた保育を実施する観点から、家庭や関係機関と連携した支援のための計画を個別に作成するなど適切な対応を図ること」と明記された。

　また、保育所保育指針解説においても、「保育所における障害のある子どもの理解と保育の展開」において、「子どもとの関わりにおいては、個に応じた関わりと集団の中の一員としての関わりの両面を大事にしながら、職員相互の連携の下、組織的かつ計画的に保育を展開するよう留意する」と記載されている。

　このように、これからの障害児保育では、保育者だけでなく、家庭や専門機関などを巻き込みながら個別支援計画を作成し、連携・協働して、保育することが求められているといえよう。

　また、「(3)指導計画の展開」の「職員の協力体制による保育の展開」では、「保育所は、様々な年齢や状況の子どもたちが一日の大半を共に過ごす場であり、一人一人の子どもに細やかに対応し心身の健やかな発達を支え促していく上で、職員全体の連携や協働は欠かせない。時間帯による担当の交代などを伴う勤務体制、専門性や職種の異なる職員構成という状況で、施設長や主任保育士のリーダーシップの下に、職員一人一人の力や個性が十分に発揮されることが大切である。そのためには、適切な役割分担がなされ、それぞれが組織の中での協力体制について明確に認識できるよう、必要に応じて指導計画に職員相互の連携についての事項を盛り込むことが求められる」と記載されている。

　「職員全体の連携や協働」が欠かせない理由として、障害のある子どもの特徴的な行動があげられる。

　障害のある子どもは、同じクラスの子どもと共同歩調がとれないために集団活動に参加することが苦手な子どもが多い。そして、保育室から離れ、職員室や乳児室、遊戯室や調理室など興味のある場所や物を探し求める。

　この探索行動によって、いろいろな職員とのかかわりが出てくる。そのとき、職員がどのようにかかわるかによって障害のある子どもの成長発達が大きく左右する。そのため、担当保育士だけでなく、その子どもとかかわるすべての職員を集め、ケースカンファレンス等を行い、各々の職員がどのようにかかわるか、またどのように連携・協働するかを話し合うことが大切である。そして、保護者や関係機関との連携・協働についての方針を定め、個別指導計画を作成し、障害のある子どもの保育を進めることが大切である。

3. 職員間の連携・協働

　保育現場では、職員が連携・協働して保育を行っているが、ローテーションの勤務体制など担当職員が入れ替わるときには職員間で記録や口頭での引き継ぎを確実に行うことが重要である。特に障害のある子どものなかには、朝、家庭で何かしらのトラブルがあり、心身が不安定な状態で登園する子どもがいる。また、登園時に職員の受け入れ対応の仕方で精神が不安定になり、1日中、心身の状態が安定しないことがある。

　そのため、早番で対応する職員は子どもをきめ細かく観察し、不安を抱くことがないように十分配慮し、通常保育に導入できるように適切な対応が求められる。

　登園時には、必ず保護者から子どもの健康状態や家庭での朝の様子を聞くとともに、登園時の子どもの様子を観察する。

　その内容は通常保育の担当職員に必ず伝える。また、連絡帳がある場合には連絡帳に記載し、保育する場合、何らかの影響があると考えられる内容であれば、その内容を確認し、関係職員に連絡し、共有することが大切である。

　特に、障害のある子どもの登園時の受け入れや降園時の保護者への連絡については、ケースカンファレンスでよく検討し、適切に対応することが求められる。

　通常保育の担当職員は、障害のある子どもが延長保育等で降園が遅くなるときには、遅番の職員に引き継ぎを行う。また、子どもの健康状態、心身の変化や1日の保育の状況について、連絡帳などで保護者に確実に伝達することが必要である。そして、その日の子どもの様子が翌日の早番の担当職員に伝わるように記録を残すことも大切である。

4. 保護者との連携・協働

　2018（平成30）年から施行されている保育指針の第１章の「１　保育所保育に関する基本原則」「(1)　保育所の役割」には、「イ　保育所は、その目的を達成するために、保育に関する専門性を有する職員が、家庭との緊密な連携の下に、子どもの状況や発達過程を踏まえ、保育所における環境を通して、養護及び教育を一体的に行うことを特性としている」と明記されている。

　この家庭との密接な連携について、2018（平成30）年発行の保育所保育指針解説によれば、「保育所における保育は、保護者と共に子どもを育てる営みであり、子どもの一日を通した生活を視野に入れ、保護者の気持ちに寄り添いながら家庭との連携を密にして行わなければならない。保育において乳幼児期の子どもの育ちを支えるとともに、保護者の養育する姿勢や力が発揮されるよう、保育所の特性を生かした支援が求められる」と記載されている。

　親は待望の子どもが生まれ、最愛の子どもに障害があると伝えられたとき、どのような気持ちになるのだろうか。わが子に障害があると受け止めることがなかなかできず、わが子は障害などないという思いを強くもち、多くの病院や専門機関等を訪れたりする。しかし、保護者はさまざまな情報が集まることで、意に反して自分の子どもに障害があるという事実をみとめなければならなくなる。このときの保護者のショックは周囲の人にはなかなか想像や理解ができない。保護者がわが子の障害を理解し、受け入れることを「障害受容」という。保育者はこのことをふまえて、保護者の気持ちを尊重し、寄り添うことが大変重要になる。

　障害のある子どもの保育を進めていくためには、担当職員と保護者がともに信頼し合える関係づくりが大切である。そのため、保育指針や保育所保育指針解説で述べられているように、障害のある子どもの保護者の気持ちに寄り添うとともに障害のある子どもを一緒に育てているという意識や姿勢が大切であり、このことが保護者との信頼感を深めることになり、連携・協働がスムーズに進められる。また、登園時や降園時、連絡帳などを活用したコミュニケーションも重要である。

5. 関係機関との連携・協働

　障害のある子どもの保育にあたっては、子どもがかかわる専門機関との密（みつ）なる連携・協働を行い、子どもの発達がうながされるよう取り組むことが重要である。保育所は障害についての専門機関でないために、障害のある子どもについての専門的な知識・技術や経験を有する専門機関との連携・協働が大切となる。地域の専門機関としては、市町村保健センター、児童発達支援センター、児童相談所、療育センター、嘱託医（しょくたくい）、かかりつけ医などがある。

　これらの専門機関の機能や業務はそれぞれ異なっているため、専門機関の機能や業務などについてあらかじめ調査・整理しておくことも大切である。

　例えば、市町村に設置されている保健センターでは乳児健診、1歳6か月児健診、3歳児健診を実施している。特に、1歳6か月児健診と3歳児健診の健診率は高く、9割を超えている。健診内容としては、身体発育状況、栄養状態、精神発達の状況、言語障害の有無、予防接種の実施状況、育児上の問題となる事項、疾病（しっぺい）および異常の有無等である。

　これらの機関により、子どもの発育・発達状態を把握（はあく）することができ、その結果をもとに、障害があると思われる子どもについては事後指導を実施することも可能となる。母子保健の面からも情報やアドバイスを得られるため、連携・協働することは障害のある子どもの保育についても役に立つと考えられる。

　特に、障害のある子どもについては、児童発達支援センターと並行利用している子どもが比較的多く、今後も増加すると思われるため、児童発達支援センターとの連携・協働が重要である。児童発達支援センターは障害のある子どもが通所し、日常生活における基本的動作の指導、自活に必要な知識や技能の習得や集団生活への適応のための訓練などを行うことができる施設である。

　これらの専門機関は、各都道府県には必ず1か所以上は設置されており、市町村単位で設置されているところも多いため、定期的に情報交換を行い、保育の取り組みや障害の改善に向けた課題について確認し合い、個別支援計画や指導計画に反映させることも可能である。また、保育所内の研修会等に参加を依頼し、保育所の関係職員に障害のある子どもの理解やその子どもがかかえる生活のしづらさと人とのかかわりの難しさなどに応じた支援や環境づくりについて理解するとともに、各職員の対応などについても話し合うことも重要である。

6. 地域との連携・協働

　保育所が地域を対象とした保育所開放や保育相談を実施し、地域に開かれた子育て支援の資源としての役割を果たしていくことは、障害のある子どもが地域で生活するうえで重要である。保育活動において、所外活動や地域の施設見学などを実施する場合、地域住民が日ごろから障害のある子どもとふれあう機会があると、地域の人も彼らをスムーズに受け入れることができ、子どもも緊張することなく、保育所や家庭にいるときと同じように情緒が安定するために活動がしやすくなることが多い。また、障害のある子どもが保育所から家庭に戻り、遊ぶときも地域の住民の理解があると地域の子どもたちと遊ぶことも可能になる。このことは子どもの成長発達に必要なことであり、子どもが小・中学生やさらに成人してからも、地域の人の支援があり、地域での生活ができるようになるため、保護者にとっても大変喜ばれることである。

　そのため、保育所開放や保育所便り等で地域住民に情報提供することが、地域住民との連携・協働のためにも必要である。

Step 2

> **演習** 発達障害のある子どもについて、関係者はどのように連携・協働したらよいか考えてみよう

事例

　A君は、発達支援センターで発達障害であると診断された4歳6か月の男児である。

　今年の4月から当保育所に入所してきたが、保育所に登園すると玄関にある水道の水を出し、しばらく水で遊ばないと保育所に入らないという同一性保持行動がある。保育室ではほかの子どもの声が大きくなると耳をふさいで、ときどき奇声を発する。また、ほかの子どもとあまり交わらない。そして、ときどき保育室を出て、乳児室や事務室に入ったり、調理室に入ろうとする。

　乳児室では部屋の隅で、いつも気に入った玩具を見つけ、目の前でふって遊んでいたり、手に持って座っている。

　事務室では事務職員がいるが、事務室の隅に座り、机の上にあったボールペンや鉛筆、消しゴムで遊んでいる。事務職員が保育室に行くように誘導すると保育室ではなく、近くの厨房に入ろうとする。調理室は衛生面から入室させないように鍵をかけてあり、入れないので室内遊技場に行き、遊技場の隅でボールに触っている。会話はおうむ返しが多い。

課題

① A君は保育室になぜ長くいられないか考える。
② A君は事務室や乳児室に入ることを好んでいるが、近くにいる職員がこの子どもにどのように対応したらよいか考える。
③ 同じ考え方、方法で保育するためには、どのように関係職員に周知等を図るか考える（担当保育士とほかの職員が、この児童に対する保育を行う場合、連携・協働するためにはどのようにしたらよいかなど）。
④ ケースカンファレンスについて調べる。

進め方

① 4人から6人で1つのグループをつくる。
② 各自が事前に調べてきたことや考えたことをグループで発表し合う。
③ 各グループで話し合ったことをクラスで発表する。
④ 障害児保育において、連携・協働するためにはどんな方法で周知理解を図るかについて話し合う。

図表11-2 障害の特徴

	アスペルガー症候群	広汎性発達障害
特徴		
保育における留意点		
連携・協働する場合の留意点		

第11講 職員間の連携・協働

解説

(1) 発達障害について

発達障害とは、発達障害者支援法第2条において、「自閉症、アスペルガー症候群その他の広汎性発達障害、学習障害、注意欠陥多動性障害その他これに類する脳機能の障害であってその症状が通常低年齢において発現するものとして政令で定めるものをいう」と定義され、発達障害児は第2項で18歳未満のものと定められている。

(2) 保育所におけるケースカンファレンスについて

保育所における障害のある子どものケースカンファレンスは、職員の連携・協働を進めていくために重要である。

このケースカンファレンスは、一般的には障害のある子どもの個別支援計画策定後、保育サービスを提供するとき障害のある子どもの状態の変化や新しい課題や問題点などがないか、適切な支援がなされているかどうかについて、保育サービスにたずさわっている人が集まり、実際にあった事例を通して検討する会議である。

このケースカンファレンスは、障害のある子どもの支援の向上、担当保育士の専門性の向上だけでなく、全職員の障害のある子どもに対する支援の質の向上にもつながる。また、障害のある子どもの多くは、保育室や遊戯室など決められた場所やほかの子どもが多くいる部屋に長くいることができず、静かで、興味のあるものがある部屋、好きな職員がいる部屋を探索することが多い。この点から障害のある子どもが好んで会いに行く職員には支援についての協力体制が必要である。そのため、職員の連携・協働を進めるには、ケースカンファレンスを開催し、障害のある子どもの状況などを把握することと、支援計画について理解することなどが重要である。

個別支援計画を策定するときには、障害のある子どもの担当保育士や所長、主任保育士、副主任保育士、職務分野別（障害児保育）リーダー保育士、クラス担当保育士などで構成される会議で策定する（個別支援計画は**本書第8講参照**）。

策定した個別支援計画をもとに、全職員を集めた会議において、各職員がどのようにかかわるか、支援にあたり大切にするべきことは何かなど、この子どもとのかかわり方や支援方法などの基本方針を話し合い、保育所の全職員の意思統一を図る。

そのあと、支援上に問題や課題が発生したときはそのつど、または1か月に1回程度のケースカンファレンスを開催することが望ましい。

参加者は、障害のある子どもの担当保育士や所長、主任保育士、副主任保育士、障害児専門保育士、クラス担当保育士、その他（栄養士、看護師など障害のある子どもの支援にかかわる人）で構成する。ケースカンファレンスを開催するときは担当保育士は必ず資料を作成し、数日前に関係者に配付する。資料を作成するときには、障害のある子どもの課題や関係職員からのかかわりの内容等について聴取したうえで作成すること。そして、個別支援計画どおり支援が進んでいるか、支援するうえで問題や課題がないかなどを記載する。また、保護者の意見や関係ある専門機関からの意見などを聞いて、記載するとよい。

　司会は障害児専門保育士が中心になって進め、可能であれば障害のある子どもの専門機関の担当者をスーパーバイザー（助言者）として迎えることが望ましい。

Step3

保育所保育指針における連携・協働に関する記載内容の変遷

　保育所保育指針（以下、保育指針）は1965（昭和40）年に保育内容の参考となるものとしてはじめて策定され、厚生省児童局長通知として発出された。この保育指針では、第1章「総則」「3　指導の基本方針」「⑾　問題行動のある子ども」において「集団生活その他の面で特に問題行動のある場合には、所長と相談し、必要に応じて専門家の助言を受けるなど適切な指導を行えるようにすること」と記載されている。このときは障害のある子どもの保育については現在のような障害児保育にかかる助成制度がなく、受け入れる保育所が少なかったため、この保育指針では専門家からの助言のみで、職員間や専門機関、家庭との連携については何も記載されていなかった。

　1978（昭和53）年から保育に欠ける（現在は「保育を必要とする」という表現に変更）障害のある児童については、保育所の集団保育が可能な限り、できるだけ保育所に受け入れ、障害のない児童とともに保育をすることが、その福祉を図るために望ましい1つの方法であるという理由で障害児保育に対する助成制度が開始された。

　その後、1990（平成2）年にはじめて改定された保育指針では、第11章「保育の計画作成上の留意事項」の「⑹　障害児に対する保育については、個々の子どもの発達や障害の状態を把握し、適切な環境のもとで他の子どもとの生活を通して、両者がともに健全な発達が図られるように努めること。また、特に指導を要する子どもについては、指導計画の展開にとらわれることなく柔軟に保育すること。これらの子どもを保育するに際しては、家庭との連携を一層密にし、必要に応じて専門機関からの助言を受けるなど適切に対応すること」と記載されていた。この保育指針では、障害のない子どもとの交流や家庭や専門機関との連携について明記された。

　2000（平成12）年から施行された保育指針では、第11章「保育の計画作成上の留意事項」「9　障害のある子どもの保育」において「障害のある子どもに対する保育については、一人一人の子どもの発達や障害の状態を把握し、指導計画の中に位置づけて、適切な環境の下で他の子どもとの生活を通して、両者が共に健全な発達が図られるように努めること。この際、保育の展開に当たっては、その子どもの発達の状況や日々の状態によっては指導計画にとらわれず、柔軟に保育することや職員の連絡体制の中で個別の関わりが十分にとれるようにすること。また、家庭との連係を密にし、親の思いを受け止め、必要に応じて専門機関からの助言を受けるな

ど適切に対応すること」と記載された。注目することはこの保育指針が発行されたころは、障害のある子どもの保育については統合保育が進められ、障害児担当やクラス担当だけでなく、保育所のすべての職員の協力体制で保育が進められることとなったことである。

また、同じ章の「6　職員の協力体制」において「所長、主任保育士、組を担当する保育士、また調理担当職員など保育所全体の職員が協力体制を作り、適切な役割分担をして保育に取り組めるようにする」とクラス担当の保育士のみで保育をするのではなく、関係職員の協力を得て保育することの重要性が明記された。

このことは障害のある子どもの保育だけでなく、通常保育や延長保育などにおいても、全職員の連携体制が必要になったためと思われる。

2009（平成21）年から施行された保育指針は、厚生労働大臣の告示となった。この保育指針の第4章「保育の計画及び評価」の「1　保育の計画」「(3)　指導計画の作成上、特に留意すべき事項」「ウ　障害のある子どもの保育」において「(イ)　保育の展開に当たっては、その子どもの発達の状況や日々の状態によっては、指導計画にとらわれず、柔軟に保育したり、職員の連携体制の中で個別の関わりが十分行えるようにすること」、「(ウ)　家庭との連携を密にし、保護者との相互理解を図りながら、適切に対応すること」、「(エ)　専門機関との連携を図り、必要に応じて助言等を得ること」と明記された。

(イ)の「職員の連携体制の中で個別の関わりが十分に行えるようにすること」と記載されたことは、障害のある子どもに対して、担当保育士と同じ考え方で、関係職員が支援をすることになり、障害保育を進めていくためには職員の連携・協働が必要であることが明記された。

また、第7章「職員の資質向上」「1　職員の資質向上に関する基本的事項」「(2)　保育所全体の保育の質の向上を図るため、職員一人一人が、保育実践や研修などを通じて保育の専門性などを高めるとともに、保育実践や保育の内容に関する職員の共通理解を図り、協働性を高めていくこと」と明記された。このことは、連携・協働のための職員の意識の向上や体制強化を図ることを求めている。

2018（平成30）年4月に施行された保育指針については、**Step 1**で記載したため詳細は省くが、保育実践にあたり、職員が連携・協働を図るための体制づくりと、障害のある子どもの個別指導計画を作成する場合は、家庭や専門機関と連携・協働をふまえることが重要である。

参考文献

- 山下俊郎編『保育所保育指針解説』ひかりのくに，1965.
- 社会福祉法人日本保育協会編『保育所保育指針の解説』社会福祉法人日本保育協会，1990.
- 社会福祉法人日本保育協会編『保育所保育指針の解説』社会福祉法人日本保育協会，1999.
- 柏女霊峰監，全国保育士会編『全国保育士会倫理綱領ガイドブック』社会福祉法人全国社会福祉協議会，2004.
- 厚生労働省編『保育所保育指針解説書』フレーベル館，2008.
- 厚生労働省編『保育所保育指針解説　平成30年3月』フレーベル館，2018.
- 内閣府・文部科学省・厚生労働省『幼保連携型認定こども園教育・保育要領解説　平成30年3月』フレーベル館，2018.

第12講

保護者に対する理解および保護者間の交流や支え合いの意義と支援

本講では、障害のある子どもの保護者や家庭への支援の基本と応用について学ぶ。Step1では、保護者支援の基本姿勢や障害受容について学び、Step2では、2つの異なる背景の事例を通して具体的な考え方や支援の方法を整理する。それらをふまえ、Step3では、家庭への支援の応用として、当事者や保護者同士の交流や支え合いときょうだいへの支援について理解を深める。

Step 1

1. 障害のある子どもの保護者や家庭に対する支援の必要性

　保育所における保護者への支援については、保育士の業務として児童福祉法とともに、保育所保育指針（以下、保育指針）第4章「子育て支援」においても明記されている。保育所に限らず、幼稚園や認定こども園等の職員を含めた保育者が保護者を支援する大きな目的は、子どもの最善の利益を考慮し、子どもの育ちを支えるために、保護者と子どもの成長の喜びを共有しながら、保護者が自ら子育てを実践する力の向上をめざすことである。これは、子どもに特別な配慮が必要な場合でも同じである。子どもの発達段階や状況に応じて向き合う困難や課題が変化したとしても、保護者自身が子どもを見つめ、自分の力でできることを模索し、自分なりの工夫を加えながら、実践していく力を保育者が支えていくことが重要であろう（詳しくは、第19巻参照）。

　このような考えを基盤としながら、障害のある子どもの保護者に対しては、保育指針第4章の「2　保育所を利用している保護者に対する子育て支援」において、「イ　子どもに障害や発達上の課題が見られる場合には、市町村や関係機関と連携及び協力を図りつつ、保護者に対する個別の支援を行うよう努めること」と示されている。障害のある子どもの育ちを支える場合は、保育者と保護者がともに、一般的な子どもの特性や発達を理解するだけではなく、その障害の特性をもとにしたその子どもへの理解が重要となる。しかし、保育所等だけでは限界がある場合も多く、より専門的な援助や助言（関係機関との連携）、子どもの生活の連続性の重視（家庭との連携）が必要となり、通常以上に保護者の協力が欠かせないことになる。保護者自身が自分の子どもの障害の特性をもとにして理解を深め、自ら子育てを実践する力を高めるために、まずは、子どもの障害に向き合う保護者のさまざまな思いのからみあいや葛藤などを理解する姿勢が保育者には求められるだろう。

2. 子どもの障害に向き合うこころの変化の過程

　人が自分自身の生命を脅かす病気になったときなど危機的状況に直面したあと、その状況を受け入れるまでにはこころの変化の過程があるとされている。障害のある子どもの保護者も、自分の子どもの障害を受け入れるまでに、似たようなこころの変化の過程を示すといわれている。この過程について、1975年に医者であるドローター（Drotar, D.）は先天奇形のある子どもの親の心理的な反応を調査・発表

した（図表12-1）。このドローターが示した5段階の過程にそって、保護者のこころの動きを考えてみよう。

第1段階は、障害を告知されたとき、障害に気づいたときの様子である。「目の前が真っ暗になった」「何も考えられなくなった」「子どもと一緒に死のうと思った」など、大きな衝撃（しょうげき）を受け、興奮状態（こうふんじょうたい）になることもある。

第2段階では、やや落ち着いてくるが、まだ事実を見つめることが難しい。「医師の診断が間違っている」

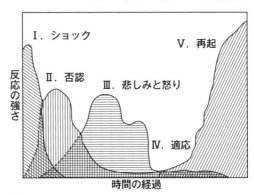

図表12-1 先天奇形のある子どもの誕生に対する親の正常な反応

I. ショック
II. 否認
III. 悲しみと怒り
IV. 適応
V. 再起

反応の強さ
時間の経過

出典：Drotar,D., Baskiewicz,A., Irvin,N., Kennell,J., & Klaus,M. The adaptation of parents to the birth of an' Infant with a con-genital malformation, A hypothetical model. Pe-diatrics, 56(5), 710-717, 1975.

「今はまだ小さいから、そのように見えるだけだ」など、事実が否定できるような情報や考えを探そうとすることが多い。

第3段階では、徐々（じょじょ）に事実が変えられないと感じ、それに対する悲しみと怒りが生じてくるといわれている。「どうして自分の子どもが」と泣き続け、悲しみによって生きる意欲が低下したり、「この子さえいなければ」と子どもへ怒りをぶつけたり、「自分の子育てのせいだ」と自分を責めたりする場合もある。このような思いが強いと、子育て自体が障害の原因ではないが、保護者のかかわりに偏（かたよ）りが生じ、二次障害や児童虐待（じどうぎゃくたい）につながる可能性も高くなるので注意が必要である。

第4段階では、かなり落ち着きを取り戻す。障害をもちながらも子どもの成長を感じることができたり、具体的な方針がみえてきたり、同じような思いを抱いている保護者と出会い、「自分だけではない」と孤独感（こどくかん）が軽減されることもある。

第5段階では、子どもができること・できないことがある現実をふまえて、自分の子ども自身を見つめ、将来の見通しをもち、今後も起こりうるさまざまな困難を自分なりに乗り越える意欲が感じられるようになる。また、自身の経験をふまえて、ほかの障害のある子どもや保護者への支援を行ったり、障害への理解を求める活動につながったりすることも多い。

ここで確認しておきたいことは、この子どもの障害に向き合うこころの過程は、当然ながら保育者側の参考資料の1つでしかない。保護者個人によって、こころが揺れ動く（ゆうごく）幅や程度も、要する労力も、要する時間も異なる。各段階を行ったり来たりすることも、最終段階に到達しないこともありうる。このような複雑なこころの

状態にいる保護者自身は、先が見えず、不安になることも多いため、保育者は闇雲に支援をするのではなく、保護者に寄り添いながらも、保護者の状態を可能な限り客観的にとらえ、見通しをもって支援をすることが必要である。そのための指標の1つとして、このような過程を活用することは有効だといえる。

3. 障害のとらえ方の相違

　ダウン症候群など早期診断が可能な場合や、身体障害など保護者自身から見ても自分の子どもに障害があることが明らかな場合に関しては、保育者と保護者の間で共通理解を図りやすいことが多い。しかしながら、例えば最近保育現場でも増えているといわれている発達障害やいわゆる「気になる子ども」においては、その障害の輪郭が非常にあいまいであり、保育所等の集団生活上で、保育者が子どもの発達の課題に気づきはじめたとしても、「この子の性格だから」「私もそうだったから」「まだ小さいから」「家庭では困っていないから」などと、保育者と保護者との間での認識やとらえ方が異なる場合も多い。

　障害を個性としてとらえ、みとめていくという考え方も大切だが、一方で、子どもが生きていくために明らかに困ることや課題がみえているのであれば、早い段階からできることは伸ばし、できないことは試行錯誤して補っていく視点が必要だろう。そのような視点を保護者に伝えるためには、障害を認識することは子どもの発達における課題を解決するための単なる手段でしかなく、「障害」が先行しない、「診断」を目的としないという姿勢を保育者自身が意識しておくことが重要である。

4. 保護者や家庭に対する支援の方法

日々のコミュニケーション

　障害の有無にかかわらず、子どもに関することで、保育者から保護者へ伝えにくいけれども伝えなければならない場合は、少なからずあるだろう。保護者によっては、聞きたくないような内容であることが容易に想像できる場合は、保育者もその伝え方やタイミングなどを慎重に見極めていくことが必要となる。そしておそらく、障害のある子どもの場合は、その頻度が増すことになるかもしれない。子どもの発達を保障していくためには、保育者も保護者もこのやりとりを乗り越えていかなければならないときがあり、特に受け取る側の保護者は大きな労力やエネルギー

を要するだろう。

　その労力やエネルギーを日ごろから蓄えていくことが大切であり、それは日々の保育者とのやりとりが大きな源となることが多い。保育者と保護者の間で、何気ないあいさつや会話の積み重ね、発達に大きな課題があったとしても、子どもなりの成長や発達に対する喜びや楽しさの共有は、信頼関係にも大きく影響し、保護者自ら子育てを実践する力の向上への大きなエネルギーになるだろう。その基盤があるからこそ、保護者がSOSを発信しやすくなったり、保育者からの言葉を受け入れやすくなったりする可能性が高くなる。

保護者の不安を受容し、障害特性の理解をもとにしたかかわりをともに考える

　障害のある子どもは一人ひとりの特徴が異なり、保護者自身の障害受容過程も異なっている。そのため、その保護者に応じたかかわりを考えていく必要があり、特に保護者の不安、焦り、怒りなどの感情を理解する姿勢が大切である。保護者の気持ちに寄り添い、十分に受容を行いながら、一方では保育者として助言を行うこともある。例えば、保護者が無理なくできそうなかかわり方を具体的に提案したり、障害特性についてわかりやすく説明したり、専門的な機関を紹介したりする。保育者自身が関連する適切な知識や技術に基づいて、保護者の感情を受容しながら、保護者と一緒に考えてほしい。

専門機関との連携

　保育者が障害特性について理解する努力は必要であるが、それには当然限界がある。その限界を考慮せずに保育者が安易な助言を行うと、子どもや保護者に混乱を招くことにもなりかねない。障害のある子どもの発達や生活を支えるためには、保護者自身の力に加えて、可能な限り、医療・福祉・教育など多領域にわたる社会的なサポートの力を活用し、包括的な支援をめざす。一方、専門機関と連携しながら支援にあたることは、保育者にとっても専門機関から助言を受ける機会となり、保育の質の向上にもつながるだろう。

　また、専門機関と連携する場合には、原則として、保護者に連携する目的や意義などの説明を行い、同意を得る。専門機関との連携が本当に必要なのかを常に確認しながら、保護者の特性や状況をふまえて進めていく。

Step 2

> **演習** 事例をもとに、障害のある子どもの保護者を支援するための姿勢や具体的な方法について考えてみよう

課題

① 障害のある子どもの保護者の思いや考えを理解する。
② 障害のある子どもの保護者を支援する際の配慮や方法を整理する。

進め方

① 各自で事例を読み、設問に対する自分なりの考えを記述する。
② 受講生同士など2人やグループで、各自の回答や考えを出し合い、できるだけ多くの情報や可能性を共有する。

事例1

保育所に入所する前に診断を受けたAちゃん

　現在2歳児のAちゃんは、生まれてすぐにダウン症候群の診断を受けた。父親（35歳）と母親（33歳）、妹（0歳児）の4人家族である。妹も同じ保育所に最近入所してきた。妹もやや発達が遅い様子だが、診断は受けていない。

　Aちゃんは保育所に0歳児で入所しているため、3年目である。入所当初は、寝たきりで寝返りもできなかった。Aちゃんは、療育機関へ週2回通所している。母親は、育児休暇が明け、仕事に復帰し、仕事中心になっているため、子育てすべてが近所に住む祖母まかせになっている。保育所の送迎はすべて祖母が行い、療育機関の通所も祖母のおかげでどうにか続けることができている。食事（朝・夕）も祖母宅で摂（と）り、母親が仕事を終えると祖母宅へ迎えに行くことになっている。父親の存在は薄く、母親も父親のことを話そうとしない。保育所からの連絡事項なども、母親に伝わることが少なく、連絡ノートも母親からの返事はない。Aちゃんの成長や育ちは、この1年だけでも大きな伸びがある。伝い歩きや階段登り、段ボール箱を押しながら自分の行きたい所へ移動可能になった。担任保育士は、療育機関での訓練の成果であることと、同じ年齢の友達とかかわる経験が大きく影響しているとうれしい喜びを実感しているが、母親や父親と共有できていない。保育所では、妹に関しても、言語理解の面で他児との差が出てきているため、今後、両親と共有していく必要があると考えている。

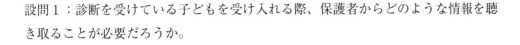

設問1：診断を受けている子どもを受け入れる際、保護者からどのような情報を聴き取ることが必要だろうか。

設問2：診断を受けている子どもを受け入れる際、保育所側からどのような情報を伝える必要があるだろうか。

設問3：Aちゃんの母親は、どのような思いで日々生活しているだろうか。可能な限り母親の立場になって、考えてみよう。

設問4：Aちゃんの母親の思いをふまえて、あなたがもし、Aちゃんの担任保育士だとすると、今後、母親にどのような支援を行いたいと考えるか。

解説

　診断を受けて入所してくる場合には、具体的な情報の共有が可能な場合が多い。まず、保護者から聞いておきたい事項として1つ目は、子どもの発達に関することである。例えば、生活面、運動面、言葉、行動特性などについて、これまでの育ちの過程や現在の状況を共有していく。療育機関に通っている場合は、療育内容についても保護者から情報を提供してもらう。必要であれば、保育所が療育機関と直接やりとりすることを理解してもらえると、保育所でできることを増やしたり、かかわりを改善したりすることにつなげられるだろう。2つ目は、保護者自身の思いである。保護者のかかわり方、子どもの発達や障害に対する考え、保育所への希望などを引き出し、受容・共有することで、保護者との関係性づくりにつなげていく。一方で、保育所からの情報提供としては、保育所の保育方針をもとにした保育所の考え方に関することや、安易にすべてを受け入れるのではなく、保育所でできることには限界があること等を伝える。障害のある子どもの発達を支えるためには、保育所と家庭との生活の連続性や療育機関との連携などサポート体制を保護者ととも

に形成していく姿勢を示していくことも有効になる。

　さて、この事例のAちゃんの母親は、すでに子どもの障害の告知を受けていることになるが、先に示したこころの過程を参考にすると、現在のAちゃんの母親はどのような心情にあるのだろうか。入所前に告知を受けているから、療育機関に通っているからといって、すべての保護者が障害への理解を示し、前向きになる準備ができているとは限らない。保護者自身も、自分の生活や思いと子どもへの思いとの間で葛藤し、とまどいながら、保育所へ預けているかもしれない。したがって、こころの過程、つまり障害の受容に向かう道筋を、まさに保育所生活や保育者とのやりとりを通して揺れ動きながらたどることになると考えると、保護者自身の特性や状態をていねいに把握していくことから支援がはじまるといえる。

事例2
入園後、発達に課題がみえはじめたBくん

　Bくんは3月に県外から引っ越してきたため、4月から入園した4歳児である。入園当初から、落ち着きのなさや衝動性の高い行動が目立ち、友達とのトラブルが絶えなかった。興味のない活動になると勝手に保育室を出て行ったり、カッとなると言葉よりも手が先に出て、友達を押したり引っかいたりすることが多く、担任保育士もBくんから目が離せない毎日だった。両親は、Bくんに対する愛情はあるようだが、いつも忙しそうにしている。
　<u>担任保育士は、2か月ほどの間、Bくんの様子を見守りながら対応をしていた</u>①が見通しをもつことができなかったため、所長や主任と相談して、保育所での様子を母親に徐々に伝えていくことにした。送迎時は時間を見つけることができなかったため、<u>連絡帳にカッとなると言葉より先に手が出てしまうことについて記述し、家での様子を問いかけた。</u>②次の日、母親からは「実は家でも困っていて…」と返事があり、それからは具体的なやりとりを続けていた。それをふまえて、担任保育士が、保健センター主催の発達相談会を勧めたが、「ありがとうございます」という返事があるものの、<u>半年以上が過ぎても参加する様子はない。</u>③

設問1：下線①において、この期間、担任保育士はBくんの母親にどのような配慮をしていただろうか。

設問2：下線②において、あなたが担任保育士なら、連絡帳にどのような記述をするだろうか。具体的に書いてみよう。

設問3：下線③において、このとき、母親はどのような心情だったのか。可能な限り母親の立場になって、考えてみよう。

設問4：Bくんの母親の思いをふまえて、あなたがもし、Bくんの担任保育士だとすると、今後、母親にどのような支援を行いたいと考えるか。

解説

保育所等は集団生活であり、家庭とは環境が大きく変わるため、家庭ではない様子が保育所等でみられたり、逆に保育所等ではない様子が家庭でみられたりすることがある。特に集団生活がはじまってから発達に課題がある可能性が見いだされる場合、家庭での具体的な子どもの様子とすり合わせることがポイントとなる。

事例をもとに考えると、器質的な課題なのか、環境による影響なのか、判断がしにくい場合もあるため、課題となる行動が観察された場合は、どのような場面で起こったのか、何が問題となったのか、子どもの様子はどうであったかなど、観察できた状況について整理することが大切である。それと同時に、何よりも母親との日々のやりとりのなかで信頼関係を築き、少しでも安心感を高めてもらうためには、ポジティブなやりとりをする時間が必要となる。

ただし、事例のように必ず保護者が困っているとは限らない。家庭で困っていることは、保護者にとってネガティブな感情であるかもしれないが、課題解決への大きな意欲へと転換できる可能性も高い。保護者の意識が低い場合は、より具体的なやりとりや保育参観・参加などを通して、まずは気づきにつなげる工夫をしていくことになるだろう。

さらに、たとえ子育てに難しさを感じていても、外部の専門機関に頼ることに大きな労力を要する場合もある。なぜなら、「何ともないかもしれない」という期待と「何か言われたらどうしよう」という不安、あるいは「何かあるとわかっている」けれど「はっきりと言われたくない」というアンビバレンス（肯定的感情と否定的感情が同時に生じている状態）を示すような感情が交錯している可能性があるからである。保育者は、そのような保護者の感情をていねいに受容・共感しながら、子育てに対する意欲を引き出すことが求められる。

Step3

1. 当事者同士の交流や支え合い

　保護者の側に立つと、専門的な助言や指導を受けることもとても大切であるが、もっと身近に相談できたり、悩みを共有できる場があったりすることも安心や活力につながるだろう。その1つに、ピアサポートの考え方がある。ピア（peer）とは、「仲間、同僚、同士」などの意味があり、「同じような課題や経験をもつ者」として解釈できる。当事者が自発的に集まり、情報交換をしたり、当事者でないとわからない悩みを対等に話し、互いに共感し合ったりすることで、情緒の安定や課題解決などを図っていくグループや集団のことを「セルフ・ヘルプ・グループ」や「自助グループ」と呼ぶ。例えば、慢性疾患（がんなど）、依存症（アルコールなど）等、対象は多種多様である。さらに、経験者本人だけではなく、その家族も当事者であるとして、家族の会や親の会としてピアサポートが展開されている。

　障害のある子どもを育てる保護者にとっても、このようなピアサポートが有効となる場合がある。先に述べたように、障害のある子どもの場合、専門機関とつながることが多くなるが、その専門機関で家族の会がつくられていることも少なくない。たとえ組織化されていなくても、専門機関に通いながら、何気ないあいさつやちょっとした会話を通して、同じ立場の保護者同士がつながり、それが救いとなることもあるだろう。また、障害のある子どもを育てた経験のある人がカウンセリングを行う「ピアカウンセリング」も展開されている。

　つまり、「自分だけではない」という孤独感の軽減、障害のある子どもの保護者としてこれからの見通しをもつ機会の提供、自身の経験を活かして他者を支える機会への発展という側面で、ピアサポートとしての専門機関や地域の社会資源の力を活用してほしい。

2. ほかの保護者との関係性

　保育所等では、集団生活のなかで障害のある子どもとその保護者も不安をかかえるだろうが、周囲の子どもや保護者たちも少なからず不安を感じるかもしれない。場合によっては、子ども同士のトラブルが多くなったり、クラス運営の方針を変更したりすることもあるため、他児や他児の保護者への影響がないとはいいきれない。そのなかで、障害に対する理解のとぼしさから、保護者間のトラブルや誤解、保育所等への強い要望に発展したり、障害のある子どもや保護者が孤立したり、休みがちになったりする状況になることもある。

そのような状況を防ぐために、まずは保育所等として、障害のあるなしにかかわらず、すべての子どもを一人の子どもとして受け入れ、保育・教育を行っていることを発信していく姿勢が求められる。集団の場となる保育所等は、障害のある子どもの保護者の思いも周囲の保護者の思いも、同じように大切にしながら、その橋渡しをする存在であることが期待される。

一方で、個別的には、障害のある子どもの保護者の意向を尊重しなければならない。保育所等として全体への理解を重視しているからといって、強引に一個人の障害を公表し、ほかの保護者へ理解を求める行為は、それを望まない保護者にとっては、保育所等や保育者への不信感につながるだろう。障害のある子どもの保護者が、周囲からの障害の理解をどの程度、どのように望んでいるのかをふまえて、援助の方法を考えていく。

3. きょうだいへの支援

障害のある子どもにきょうだいがいる場合、そのきょうだいへの配慮や支援も必要になる場合がある。保護者が自分の子どもの障害を受け入れていく過程があるように、きょうだいも自分のきょうだいの障害に向き合うことになる。保護者との関係性からみると、障害のある子どもに保護者の注目が集中し、ほかのきょうだいへのかかわりが薄くなってしまう場合や、逆に、障害のある子どもが放任され、ほかのきょうだいへの過剰な愛情が注がれる場合などがある。また、きょうだいへの障害の伝え方についても、不安がある保護者は少なくない。

このような保護者の状態によって、きょうだい自身が、怒りや悲しみ、不満、窮屈さ、不安などを感じ、それが保護者やきょうだい、他児に対する言動としてぶつけられることもある。障害のある子どももきょうだいも、家族の大切な構成員であり、それぞれが家族の一員として生きていくためには、保護者だけきょうだいだけと特化するのではなく、家族全体を含めたサポートを考える視点が必要となる。

さらには、**Step 2** の事例1のように、ほかのきょうだいにも障害あるいは発達に課題がみられる場合もあり、保護者がかかえる負担や心情は計り知れない。上の子で経験しているからといって下の子への理解は円滑にいくとは限らず、上の子で経験しているからこそ、下の子は「そうであってほしくない」「それほどでもない」などという否認する気持ちが大きくなることもある。きょうだいでは、発達の状態も障害の特性も異なることが多いため、複雑な保護者の心情をふまえ、きょうだいであろうとも個別にとらえることが重要であろう。

参考文献

- Drotar,D., Baskiewicz,A., Irvin,N., Kennell,J., & Klaus,M. The adaptation of parents to the birth of an' infant with a con-genital malformation, A hypothetical model. Pe-diatrics, 56(5), pp.710-717, 1975.
- 伊藤健次編『新時代の保育双書 新・障害のある子どもの保育 第2版』みらい，2011.
- 尾崎康子・水内豊和・阿部美穂子・小林真編『よくわかる障害児保育』ミネルヴァ書房，2010.

COLUMN　ペアレント・プログラム

　発達障害に限らず、保護者が子育てに悩み、行き詰まることは多々あるだろう。「なぜこんな行動をするの？」「どこをどうやってほめたらいいの？」「注意したらだめなの？」など、さまざまな疑問や不安をかかえる保護者に対して、自分の子どもの行動を理解するポイントや、その特性をふまえたほめ方や叱り方を学ぶための支援として、「ペアレント・プログラム」が展開されている。子どもとの具体的なかかわり方を見つけるだけではなく、保護者同士の仲間づくりも目標とされ、保護者の子育てに向き合う意欲の向上につながる取り組みの1つとして期待されている。

資料：発達障害情報・支援センター「ペアレント・プログラム案内チラシ（保護者向け）」

（青井夕貴）

第13講

地域の専門機関との連携

本講では、地域の専門機関との連携について、①なぜ連携が必要なのか、②どのような専門機関と連携するのか、③どのように連携していくとよいのかという3つの観点から学ぶ。

Step1では、これらを解説し、Step2では、自分たちの地域にある関係機関とその機能および保育所における連携の現状について知る演習を行う。Step3では、連携に求められる意味合いの変化および保育所が連携に求めるニーズの現状を知るとともに、専門機関との連携システムの実例を紹介する。

Step 1

1. なぜ地域の専門機関との連携が必要なのか

　保育所保育指針第1章の「3　保育の計画及び評価」には、障害のある子どもの保育について「関係機関と連携した支援のための計画を個別に作成するなど適切な対応を図ること」と記述されている。関係機関との連携および個別の支援計画作成については、幼稚園教育要領および幼保連携型認定こども園教育・保育要領にも同様の記述がある。

　そこで、Step 1では、なぜ地域の専門機関と連携することが必要なのかについて整理する。

（1）地域の多くの機関が協働して障害のある子ども等を育てる認識をもつ

　障害のある子どもが地域から分離されることなく、当たり前に暮らせる社会を実現することが障害者福祉の理念の1つである。そのためには、幼少期から関係機関が連携し、地域で育てていくという認識をもつことが大切である。

（2）障害や疾病の状態、特性等に関する情報を共有する

　心身の状態に応じた環境構成や保育活動を行うには、子どもの障害や疾病、特性等について正しく理解することが何よりも重要である。医療機関を受診している子どもの場合、服薬管理や発作時の対応方法、食事や活動の制約等の情報を事前に共有しておくことで、保育者が安心して対応でき、ひいては、子どもにとっても安心・安全に過ごすことができる。

（3）支援の一貫性を確保する

　障害のある子ども等は、保育所等への入所前に専門機関において療育を受けていたり、入所後も並行利用していることも多い。子どもが保育所等で混乱なく安心して過ごせるよう、専門機関と環境構成や支援方法等をすり合わせておくことが必要である。

（4）保育者の力量および保育所全体の質の向上を図る

　子どもの障害や疾病、特性等は、保育所等への入所後の集団生活のなかではじめて気づかれることも多い。「気になる子ども」の多くがこれにあたる。乳幼児期は発達に個人差も大きく、いたずらに障害と決めつけることに留意すべきであるが、なるべく早期に特性を把握し、適切な保育を提供していくことは心身の発達に効果があるとされる。したがって、保育者は専門機関の巡回指導などの機会を活用し、実践を通して特性に気づく力や支援力を向上させていくことが求められる。専門家のアドバイスにしたがうだけではなく、保育者自らが子どもの日々の変化に気づき、特性に応じて教材や保育活動を工夫し主体的に課題を解決する力をつけること

が大切である。

（5）地域の専門機関と役割分担する

　保育所等だけで障害のある子どもと家族を支えるには限界がある。保育所等だけでかかえ込むのではなく、地域の専門機関に支援を依頼するなど役割分担していくことも大切である。例えば、作業療法士による感覚統合訓練を行ったり、保護者が障害のあるわが子を受容し、将来的な見通しをもてるよう障害のある子どもをもつ保護者との交流の場を設定するなど、専門機関でないと担えない支援や役割も多い。

　役割分担する際には、連携先の機関にまかせっきりにするのではなく、互いの支援のねらいや内容を確認しながらチームで進めていくことを心がける必要がある。

（6）小学校へつなぐ

　つなぎの支援には、「横の連携」と「縦の連携」がある。前者は、保育者の気づきを保護者の正しい理解へと発展させるために医療機関や療育機関等につないだり、現在子どもにかかわっている多くの関係機関と対等につながることである。後者は、保育所等から小学校へ情報をつないでいくこと（＝移行支援）である。特に、就学は保護者にとって大きな不安材料となるため、早い段階から教育機関と連携したていねいな就学相談が必要となる。その際、保育所等での子どもの様子や保育所等で行っている配慮や取り組みを細かく伝えていくことが大切である。

2. 地域にどのような専門機関があるのか

医療機関

　障害や疾病の診断および治療を行うのが、「医療機関」である。乳幼児期に発見される障害や疾病の場合、早期から医療機関がかかわっていることが多い。障害の程度は軽くても服薬している子どもも多く、情報の共有は不可欠である。

保健機関

　「市町村保健センター」や「保健所」は、妊娠中の異常や出生後に障害や疾病が発見された時点から子どもや家庭にかかわり、保健師による継続的な観察や療育の支援を行っている。また、乳幼児健康診査の実施機関であり、障害や虐待等のリスクを早期発見し、専門機関へのつなぎも行っている。

相談機関

「児童相談所」は、児童に関するさまざまな相談に応ずる専門機関で都道府県や政令市、一部の中核市に設置されている。児童福祉司や児童心理司などの職員が、子どもの発達や心理状況を把握し、助言や指導を行うほか、必要に応じて一時保護や里親委託、施設入所措置（障害児入所施設の場合は支給決定）を行う。障害相談にも応じ、知的障害の判定や療育手帳の交付も行っている。近年では虐待相談が急増しているが、障害は虐待のリスク要因の1つともいわれ、保育所等には見守りも含め、虐待の未然防止や早期発見の役割も期待されるようになっている。

「福祉事務所・市町村福祉課」は、障害福祉制度の利用申請窓口である。障害福祉のしおりを作成している自治体も多く、障害福祉制度全般を知るうえで非常に参考になる。福祉事務所には家庭児童相談室が設置されており、相談員が子どもや家庭の相談に応じている。公認心理師等の専門職を配置して発達評価や保育所等への支援などを行っている自治体もある。なお、今後、市区町村ごとに「市区町村子ども家庭総合支援拠点」が整備されることになっている。

障害専門の相談支援機関としては、「相談支援事業所」がある。療育や短期入所などの障害福祉サービス利用のための相談に応じるとともに、利用のための計画を作成し、事業所との利用調整も行う。その際、個別の支援会議が開催されるので、保育所等も子どもや家族を支援するチームの一員として積極的に参加することが望まれる。

都道府県や障害福祉圏域に設置されている「発達障害者支援センター」は、発達障害のある子どもやその家族に対する相談支援のほか、保育所等への専門的・技術的支援も行っている。同じ立場の親が相談・援助するペアレントメンターの養成も行われている。

障害児支援機関

「児童発達支援センター」または「児童発達支援事業所」は、児童福祉法に基づき市町村レベルで設置が進められている。保育所等に通いながら児童発達支援を並行利用する子どもも多い。児童発達支援センターは地域療育の拠点として、センターに通っていない地域の子どもの発達相談や保育所等への訪問支援を行っている。保育所等訪問支援は、2012（平成24）年児童福祉法の改正で新設され、保護者からの申請に基づき、療育スタッフが保育所等を訪問し子どもに直接療育を行うほか、保育士等にアドバイスを行う保育所と結びつきの強い事業である。その他、「障

害児入所施設」は入所により療育や治療、生活習慣等の獲得をめざす施設である。「居宅介護」（ホームヘルプサービス）や「短期入所」は、保護者のレスパイトも含め日々の生活を支援する事業である。

教育機関

「特別支援学校（「盲学校」や「聾学校」を含む）」は、比較的障害の程度の重い子どもたちが通う学校で、広域で設置されており、現在は地域の保育所や幼稚園等を支援する役割も担っている。小・中・高等部のほか、幼稚部が設置されている学校もあり、幼児期から専門的な教育を提供している。

親の会や障害者団体

「親の会」や「障害者団体」は、同じ障害のある子どもをもつ親同士が悩みを共感し、ときには先輩の体験談を聴き、将来に見通しがもてるようになることで、少しでも将来の不安を軽減させることができるなど、ともに支え合う場として機能している。

保育所等を支える制度

障害児・者施設は、都道府県等から補助を受け「障害児等療育支援事業」として保護者の療育相談に応ずるとともに地域の保育所等の依頼に基づき巡回して支援を行っている。その他、定期的に専門機関が保育所を支援する巡回指導（地域により名称は異なる）を独自に事業化している市町村は多い。

3. 地域の専門機関との連携の方法

医療や療育機関に通っている場合は、保護者の了解を得て情報提供を依頼したり、療育の様子を見学させてもらうとよい。また、逆に保育所等での様子を見てもらうなど双方向のやりとりを行うことも保育の質の向上には欠かせない。連携には日々の子どもの様子をしっかり記録に残すことが重要である。

なお、外部機関との連携にあたっては、個人情報の取り扱いに留意する必要があり、保護者の了解を得たうえで行うことが前提となる。巡回相談のような保育所支援プログラムを活用する場合であっても、事業を実施する自治体と個人情報の取り扱いや保護者の了解の必要性の有無について協議しておく必要がある。

Step 2

演習1 地域の専門機関を知ろう

Step 1 では、地域にある専門機関について概観した。緊密（きんみつ）な連携関係を構築するためには、まず地域にある専門機関について知ることが欠かせない。そこで、Step 2 では、自分たちの暮らす地域にどのような専門機関があるのかを知り、連携のあり方について考える。

課題

地域にある障害のある子どもを支援する施設や機関について知ろう。その際、障害者団体や親の会など障害のある子どもや家族を支える関係組織、さらに広域（都道府県もしくは障害福祉圏域レベル）で設置されている専門機関についても調査対象とする。単に機関名だけではなく、どのような支援を行っているかについても調べる。

進め方

(1) 準備するもの

　図表13-1に示すような調査表：種別ごとに、機関名、支援の内容や役割が記入できるようになっている。

(2) 方法

① 市町村が発行している障害福祉のしおりや都道府県等が公表している障害福祉サービス事業所の一覧表、もしくは、インターネット等を活用して、自分たちの地域（演習では、大学等が所在する市町村としてもよい）にある関係機関を抽出（ちゅうしゅつ）し、図表13-1に記入する。その際、位置を確認するため、地図の上にポイントするのもよいかもしれない。

② 抽出された関係機関が実施している療育内容および保育所との連携の有無を調べる。その際、小グループを組み、分担して電話や訪問をし、情報をまとめる。

解説

障害のある子どもを支援する機関の整備状況は地域により格差がみられる。自分たちの市町村になくても広域で支援している機関も存在するので、くまなく調べることが必要である。一方、障害のある子どもや家族を支援している機関であっても、地域の保育所等と連携関係にない場合もある。

図表13-1 地域の専門機関、関係機関に関する調査表

領　域	機関の種類		機関の名称	支援内容や役割
医療機関（療育を行っているものに限る）				
保健機関	市町村保健センター			
	保健所			
	その他			
相談機関	行政窓口			
	児童相談所			
	相談支援事業所			
	発達障害者支援センター			
	その他			
障害児支援機関	障害児通所支援			
		児童発達支援		
		医療型児童発達支援		
		保育所等訪問支援		
		居宅訪問型児童発達支援		
	障害児入所支援			
		福祉型入所施設		
		医療型入所施設		
	その他			
教育機関	特別支援学校			
		盲学校（視覚障害）		
		聾学校（聴覚障害）		
		知的障害		
		肢体不自由児		
		病弱児		
	教育センター			
	大学、短大			
	その他			
障害者団体、親の会				
その他				

演習 2　専門機関との連携の現状を知ろう

　演習1では、地域にどのような専門機関があるのかについて調べた。演習2では、保育現場における地域の専門機関等との連携の現状と課題等について学ぶ。

課題

① 地域にある保育所等に対してヒアリング調査を行い、実際に、どのような専門機関と連携しているのか、その実態について調べる。
② 巡回指導などのシステムがある場合は、それについて知る。
③ 保育所等が専門機関との連携において、よい点や課題と感じている点を知る。
④ 保育所等が専門機関との連携に期待するニーズについて知る。
⑤ そのうえで、地域の専門機関との連携を深めるための解決策について考える。

進め方

（1）準備するもの

・**図表13-2**に示すような調査表：地域の専門機関等との連携状況や課題について整理して聴取できるようになっている。
・**図表13-3**に示すような整理表：聴き取り内容から連携の課題を抽出し、課題解決のための方策について検討するためのものである。

（2）方法

① 地域にある保育所等を1か所選び、調査の目的を伝え、協力を依頼する。
② その保育所等から**図表13-2**に基づいて、連携の実際について聴き取りを行う。
③ 連携に期待することや課題について整理する。
④ 課題を解決し、連携を円滑に進めるためにどのような工夫が考えられるか、**図表13-3**を用いて検討する。
⑤ 演習は小グループで行い、発表し合ってもよい。

解説

　地域の専門機関との連携の必要性はいうまでもないだろう。しかし、①互いの機関の無理解、②保護者の了承を得られにくいこと、③個人情報の取り扱いに細心の注意を払うこと、④そもそも地域に専門機関がないこと、⑤療育機関に保育所を支援する人的・時間的余裕がないことなど、さまざまな理由から連携は容易ではな

図表13-2 保育所における地域の専門機関等との連携の現状に関する調査表

保育所名			児童数	人
障害児保育対象数 ___人（障害児保育対象外の「気になる子」___人）				
連携先の機関名	連携の目的	連携の方法（時期、頻度、専門職種、指導内容等）		
連携のよい点	連携の難しい点	専門機関に指導してもらいたいこと		

図表13-3 地域の専門機関等との連携の課題と課題解決に向けた整理表

連携の課題	⇒	課題解決で考えられること

いことも多い。そのために、保育所等は連携ニーズを明らかにするとともに保護者の立場に立ち、積極的につながっていくことが大切である。

Step 3

1. 地域の専門機関との連携の課題

地域の専門機関との連携のあり方の変化

　地域の専門機関との連携は、障害児保育が開始された初期からその重要性は認識されていたが、時代とともに連携に求められる意味合いも変化している。

　1970年代の障害児保育開始当時は、保育所は障害に関する専門の知識を有しておらず、専門機関との連携が障害の理解や対応について学ぶ機会となっていた。これは現在も同じで、増加している発達障害の理解や虐待等の不適切な養育による影響などに関する専門知識を得ることが連携の目的の1つとなっている。加えて、障害のない子どもを含めた保育のあり方などインクルーシブな観点からの助言も求めるようになっている。連携のあり方も、従来型の専門的知識を学ぶという受動的な連携から、保育者が自ら課題解決していく力を身につけられるよう保育者の主体性を援助する能動的な連携へと変化している。また、保育所自らが積極的に地域の関係機関と結びつき、チームで障害のある子どもや家庭を支えていくソーシャルワーク力を身につけていくことも求められるようになってきている。

保育所等が地域の専門機関に求める連携ニーズ

　明治学院大学が実施した調査研究によると、保育所・幼稚園・認定こども園が地域の専門機関に指導してほしいこととして複数回答したもののうち、「幼児へのかかわり方」および「専門家による個別の指導」がそれぞれ約50%を占めていた[*1]。「障害の見極め」や「専門的知識の提供」よりも、日々の保育実践のなかで障害のある子どもへの具体的なかかわり方について学びたいという意向の表れである。一方で、現場では保育所保育の限界を感じており、障害のある子どもに対する直接的な個別指導を求める声や、専門療育は外部に求めたいという役割分担としての連携への期待が示されている。このような現場のニーズに呼応するように2012（平成24）年の児童福祉法改正では、保育所等へ療育の専門スタッフが出向いて保育者等への助言に加え、障害のある子どもに直接支援を行う「保育所等訪問支援」が創設された。ふだん生活している保育現場で、専門家が療育を行うことは、子どもの適応性を高めるだけでなく、保育者が専門的な支援方法を直接見て学ぶ機会になる。

[*1] 明治学院大学「乳幼児の健全育成を果たす施設の役割に関する調査研究——特別な配慮を必要とする乳幼児保育カリキュラムの実際と今後の課題」文部科学省『平成23年度幼児教育の改善・充実調査研究』2013.

インクルーシブの流れにもそうものであり、今後の活用が期待される。

2. 保育所への巡回指導の実際

地域の専門機関との連携で多い形態は「巡回指導」であろう。ここでは、福井県の取り組みについて紹介する。

福井県の「保育カウンセラー配置事業」

福井県では2009（平成21）年に庁内部局横断型の「みんなちがって、みんないいプロジェクト」を立ち上げ、県内の発達障害児者支援体制整備について検討した。その結果の1つとして平成22年度から保育所や幼稚園等を巡回して支援する保育カウンセラーを県下全市町に配置する事業を開始した。依頼があって派遣するのではなく、すべての保育所等を定期的に訪問するもので、気になる子を含む障害特性の早期把握と早期支援、小学校への円滑なつなぎを目的としている。保育カウンセラーは発達に熟知した臨床心理士等が務めており、市町によっては母子保健の保健師、障害分野の相談支援専門員や発達障害者支援センター職員、就学相談担当者、行政職員等とともにチームを組んで巡回している。なお、福井県では保育士や保護者等が子どもの発達特性を簡便に把握でき（アセスメント）、早期に特性に応じた支援体制を整え（個別支援計画作成）、その支援や情報が途切れない（ファイリング）ようにする目的で、福井県方式支援ツール「子育てファイルふくいっ子」を開発し普及を図っている。加えて、特性や支援に関する情報を次のライフステージ（小学校等）に円滑につなぐため、県教育委員会の主導で「移行支援ガイド」が作成され、移行の際に活用が図られている。

参考文献

- 厚生労働省障害児支援の在り方に関する検討会「今後の障害児支援の在り方について（報告書）――「発達支援」が必要な子どもの支援はどうあるべきか」2014．
- 日本相談支援専門員協会編『障害のある子の支援計画作成事例集――発達を支える障害児支援利用計画と個別支援計画』中央法規出版，2016．
- 全国児童発達支援協議会監，宮田広善・光真坊浩史編著，山根希代子・橋本伸子ほか『障害児通所支援ハンドブック――児童発達支援 保育所等訪問支援 放課後等デイサービス』エンパワメント研究所，2015．
- 一般社団法人全国児童発達支援協議会編「障害のある子を支える児童発達支援等実践事例集」中央法規出版，2017．
- 若井淳二・水野薫ほか『幼稚園・保育所の先生のための障害児保育テキスト 新訂版』教育出版，2011．
- 明治学院大学「乳幼児の健全育成を果たす施設の役割に関する調査研究――特別な配慮を必要とする乳幼児保育カリキュラムの実際と今後の課題」文部科学省『平成23年度幼児教育の改善・充実調査研究』2013．
- 三山岳「障害児保育における巡回相談の歴史と今後の課題」『京都橘大学研究紀要』第39号，2013．
- 財団法人日本都市センター『発達障害支援ネットワーク構築に向けて』2012．
- 福井県発達障害児者福井県方式支援ツール「子育てファイルふくいっ子」2013．
- 福井県「特別な支援が必要な子どものための移行支援ガイドライン――一人ひとりに必要な支援を大切につなぐために」2013．

第14講

小学校等との連携

子どもたちは幼稚園・保育所から小学校への入学（就学）を体験する。本講では小学校との連携のなかでも、より現実的で最も重要な「就学の際の支援」、いわゆる「移行支援」に注目し、①就学に関する基本的事柄、②移行支援の実際と課題、③移行支援の新たな取り組みと連携の重要性の3つを取り上げる。Step1では、主に①と②について解説し、Step2では、移行支援に関連する演習を中心に、Step3では、③を中心に移行支援の取り組みを紹介し、そこからみえてくるさまざまな課題や可能性について考えてみる。

Step 1

幼稚園・保育所から小学校へ就学するにあたって

就学への不安

　発達上のつまずきの有無にかかわらず、学校に入学すること、特に小学校に入学すること（就学）は、環境の劇的な変化であると同時に、成長するうえで大きな節目といえる。それは、物理的には、新しい校舎、教室、そして新しい教師や同級生たちに囲まれる経験であり、心理的には不安と期待が入り混じるときでもある。

　このように、物理的・心理的あるいは社会的にも、それまでとまったく異なる環境へ入っていく際、子どもによっては心身に強い負担を感じ、場合によっては、入学直後に一時的に登校をしぶる者も出てくる。これが、障害のある子ども、例えば知的障害によって「社会的適応性」がとぼしい場合や、自閉症スペクトラム（ASD）によって「特定の場所や物へのこだわり」が強く、新奇な場面や人への適応が苦手な子どもの場合では、その心的負担は定型発達児に比べはるかに大きい。

　また、学校では、教科ごとに一定の時間着席して授業を受けなくてはならず、学習内容も学年が上がるにつれ高度になっていくことを考えると、一定時間、注意を集中することが苦手な注意欠陥（如）・多動性障害（ADHD）児や、読み・書きまたは算数に課題をかかえる学習障害（LD）児であれば、無理が生じるのではないかと、その保護者は不安が募る一方であろう。

　障害のある子どもが就学を迎える際、保護者は、居住する地域の小学校に通わせればよいのかどうか、迷いをかかえることが多い。そこで、こうした障害児の就学にはどのようなプロセスがあるのか、近年の法的な変遷とあわせてみてみよう。

特別支援教育体制の整備と就学の手続きの流れ

　文部科学省は、2001（平成13）年に「特別支援教育の在り方に関する調査研究協力者会議」を設け、障害児への教育という意味合いであった「特殊教育」という言葉を「特別支援教育」にあらため、教育対象である障害の規定も、それまでの「知的障害、肢体不自由、弱視、難聴、言語障害、情緒障害、病弱」だけでなく、「特別な教育のニーズをもつすべての子どもたち」へと拡充した。特に軽度発達障害と呼ばれるLDやADHD、高機能自閉症児への支援の充実が謳われた。

　さらに、2007（平成19）年に学校教育法等が一部改正され、「特別支援教育」が強く推進された。特別支援教育とは、「障害のある幼児児童生徒の自立や社会参加に向けた主体的な取組を支援するという視点に立ち、幼児児童生徒一人一人の教育

的ニーズを把握し、その持てる力を高め、生活や学習上の困難を改善又は克服するため、適切な指導及び必要な支援を行うもの」とされ、すべての学校において、障害のある子どもたちの支援をさらに充実させていくこととなった。

　こうした特別支援教育体制の確立に基づき、現在の就学の手続きの流れは**図表14-1**のようになっている。基本的な流れとしては、まず、就学前の年の10月末までに市町村の教育委員会により学齢簿が作成され、これに基づき、11月末までに就学時の健康診断がなされる。就学時健康診断では、簡易な知能検査が行われる自治体や、行動観察を取り入れている学校もある。その際に、課題に取り組む様子や行動観察から、気になる子どもについては、別途、個別の面接を行ったり、保護者から保育所などでの様子を聴き取ったり、就学相談の手続きをとる。

就学相談

　就学時健康診断で、必要と判断されて就学相談を受ける場合、あるいはこれよりも前に、保護者が市町村教育委員会に設置された教育支援委員会（自治体によっては就学支援または就学指導委員会）に相談した場合、特別支援教育を専門とする教員による観察や、必要に応じて医師による診断などがなされ、保護者と支援委員の間で就学先に関する話し合いがなされる。ここで、教育支援委員会とは、通常は、

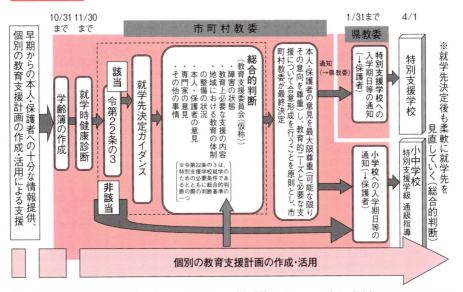

図表14-1 障害のある児童生徒の就学先決定の流れ

資料：国立特別支援教育総合研究所「インクルーシブ教育システム構築支援データベースQ&A」を一部改変。http://inclusive.nise.go.jp/?page_id=41

医師、福祉関係者、学識経験者、学校関係者、教育委員会担当者などで構成され、相談対象者の適正な就学先の選定に際して、助言や判断をする組織と位置づけられている。

　就学相談では、子どもの特性に基づいて、学校に入ったらどのような支援が受けられるのかなどの具体的な話し合いがなされる。そして、通常学級が適しているか、特別支援学級が適しているかについて助言を受けることができる。学校にいるすべての時間を特別支援学級で過ごす必要はないが、一部支援が必要である場合などには、通常学級に在籍しながら、週に1、2回個別の支援を受ける（通級指導教室）といった別の選択肢に関する情報提供もなされる（図表14-2）。

就学相談と就学判断における課題

　就学相談を経て、教育支援委員会では最終的に1月末までに入学すべき学校の記載された「就学通知」を保護者に送る。就学相談のなかで、保護者と相談を担当する専門家との間で意見の相違がたびたびみられる。よく耳にするのは、保護者は「わが子に障害の疑いがあっても、同じ年齢の子どもたちの間でともに活動することで、社会性を身につけさせたい」あるいは「わが子が生きていくのは、学校卒業後は居住地域なのだから、通学域が異なる特別支援学校へは行かせたくない」という思いと、専門家の「小集団の特別支援学級で」または「特別支援学校で個別の支援を受けることが、生活力を伸ばす」という思いのぶつかり合いである。こうした思いの食い違いを解消するために、近年、小学校や特別支援学校では、学校見学や体験入学を積極的に受け入れ、そこでの教員との相談なども行っている。

図表14-2 発達障害児の入学する学級や学校の種類

小学校の通常学級	40名以下の同学年児童で編成される学級。担任教諭1名が配置されている。在籍する障害児の状態に応じて介助員や支援員などが加配されることがある。
小学校の通常学級に在籍し、通級指導教室に通う	通常学級に在籍し、障害の状態に応じ特別な場で特別な教育課程を受ける制度。時間数も年間10時間〜週8時間と弾力的。通常の学級での学習におおむね参加できる。
小学校に併設されている特別支援学級	知的障害、肢体不自由などに該当する児童のうち、比較的軽度のものを対象に教育を行う。1クラス8名以下の児童数。異学年で構成され、障害特性に応じ個別の指導がなされる。
特別支援学校	視覚障害・聴覚障害・知的障害・肢体不自由・病弱者を教育対象とする学校。障害程度が重く、生活面での支援を要する。1クラス6名以下で編成されるが、重複障害の場合は3名以下となる。

Step1 レクチャー

　また、障害者の権利に関する条約にある「インクルーシブ教育システム」の流れを受け、「共生社会」形成の理念のもと、障害のある子どもとともに同じ場で教育を受けることを実現すべく、市町村の教育支援委員会と保護者との意見の相違があるような事例に関しては、都道府県レベルで設置された教育支援委員会が双方の意見の聴き取りや調整を行い、可能な限り親や本人の考えを反映した適正な合意形成に基づく就学先を探ろうとする自治体も増えている。

幼稚園・保育所と小学校間における移行支援の概要

　ここまでは、就学の基本的な流れについて、保護者と就学相談あるいは教育支援委員会という点からみてきた。次は、特別支援教育の体制づくりでは先進的な取り組みを続けてきた福井県の移行支援体制（「移行支援ガイドライン」）を参考にしながら、実際の保育所や幼稚園の担当指導者、あるいは就学が想定される小学校の教員が移行支援の時期の前後でどのような動きをすることが重要かについて時間系列で追いかけながら考えてみよう（図表14-3）。

就学前の準備

　福井県では、就学前年の6月ごろから12月にかけて、幼稚園・保育所と小学校が相互に公開授業や園または学校行事に参加し合い、支援などが必要な幼児・児童の連絡会をもつことが多い。幼・保の指導担当者が小学校での行事に参加・見学することで、卒園児の状態を把握することが可能となり、小学校での指導による発達経過の予後を見る目を培うことができる。そして、小学校入学を照準に合わせた幼

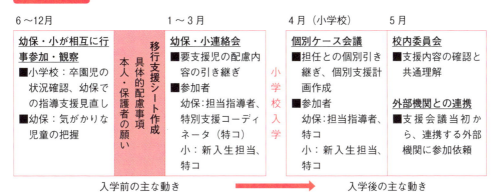

図表14-3　入学前後期における移行支援の流れ

資料：福井県教育委員会発達障害児教育推進チーム「特別な支援が必要な子どものための移行支援ガイドライン――一人ひとりに必要な支援を大切につなぐために」2013. をもとに作成。

稚園・保育所での指導・支援の見直しの機会をつくることができる。また、逆に、小学校の教員が幼・保での行事に参加することで、気がかりな幼児の早期把握が可能となる大きなメリットをもつ。

　こうした交流行事から入学までの期間においては、具体的な幼児の引き継ぎとなる幼・保・小の連絡会の場がもたれる。参加者としては現在の指導担当者、新入生の担当教員、そして各幼・保・小に配置されている特別支援教育コーディネーターが必要となる。特別支援教育コーディネーターとは、障害のある子どもに対する支援を具体化し実践していくために設けられている組織である園または校内委員会における中心的立場の教員である。そこで重要な情報の資源となるのが移行支援に関する情報を示した「移行支援シート」（福井県の呼称）となる。

　「移行支援シート」には、保育園または幼稚園側により引き継ぎの要点が記され、作成にあたっては保護者の同意が必要となる内容になる。例えば、「社会性」「コミュニケーション」「こだわり」など自閉症スペクトラムに関連する項目や「不注意」「多動性」などADHDに関連する項目での気づき、指導上での配慮事項、そして「保護者の引き継ぎ後に学校生活で配慮してほしい願いや心配事」などが重要となる。こうした内容、特にふだんの生活上での気づきに関しては、複数の目で感じていることや共通理解していることがきわめて重要である。

入学後の支援

　入学後、すみやかに児童個別の引き継ぎ（2回目の連絡会）が行われる。幼・保側からは、5歳児時の担当者、特別支援教育コーディネーター、小学校側は担任と同じく特別支援教育コーディネーターなどが参加する。保護者にも参加をしてもらうと、このあとの学校生活がスムーズに運ぶ場合が多い。内容は、移行支援内容の確認と、個別の支援・指導計画の作成のためのポイントの確認であろう。福井県教育委員会では、小学校が指導・支援計画の原案を作成し、連絡会で幼・保時の担当者と合同で、発達経過の予後を想定しながら、支援計画を立てることを勧めている。

　その他、学校生活のスタートを切ったあとには、チームで児童を支えるために、児童にかかわる教員による校内委員会（支援委員会）を重ね、支援内容の検討と確認が随時行われることになる。学校生活が軌道に乗るまでが、最も重要な時期となる。そのため、福井県では、入学後、最初の連絡会にはのちの学校生活で支援を受けることが想定される外部機関（教育センターや地域の特別支援学校教員）の専門家にも入ってもらい、ともに確認したり意見をもらうことが活発に行われている。また、ケースによっては、こうした外部機関の専門家が就学前からの発達相談の担

当者であることも多く、幼・保から小学校への子どもの育ちを、一人の専門家が見守り、助言をすることでつなぐキーパーソンとして重要な存在となる。入学後の状態が不安定となるのは子ども本人だけでなく、その保護者も日々心配を募らせる。そうしたときこのような存在が保護者の強いこころの支えとなる。

校内委員会

　小学校入学後の支援継続の鍵(かぎ)は校内委員会にある。主な構成メンバーは、会を運営する特別支援教育コーディネーターをはじめ、校長、教務などの管理職、学級担任、学年主任、養護教諭、スクールカウンセラーなどである。複数の教員がかかわることで、チームとして機能し、さまざまな支援策を検討したり成果をチェックできるだけでなく、学級担任だけに過度の負担をかけないというメリットもある。学校によっては複数の教員で構成することからスケジュールが合わず、機能しにくくなる場合もある。いずれにせよ、頻繁(ひんぱん)に会議を開催することが困難なのは事実である。しかしながら、困難をかかえている児童は会議を待ってはくれない。可能な支援から少しでも進める。会議がなくてもちょっとした教員間のコミュニケーションで伝え合う。できることから支援することが支援継続の鍵ではないだろうか。

切れ目ない支援で育ちをつなぐ

　発達障害の種類にかかわらず、発達経過の予後を左右するのは、障害に気づいた時期と療育を開始した時期であろう。LDは、学習活動への取り組みが本格的になる小学校入学後に気づかれることが多い。また、ADHDは親子での個別対応時には気づかれにくく、集団活動になったときに注意散漫さや衝動性(しょうどうせい)などの症状が顕在化(けんざいか)するなど、こちらも気づかれるのが比較的遅い障害といわれる。

　一方、自閉症スペクトラムは自閉的傾向または知的障害の程度にもよるが、比較的軽度のものであっても就学前、早い場合は愛着（アタッチメント）行動の弱さで乳幼児期に気づかれることがある。早い療育は、良好な予後へと結びつく。しかしながら、医療機関での療育内容、福祉施設での支援内容、教育機関での指導内容が、連続性をもつことが少なく、それぞれが成果のある支援であるにもかかわらず、個人情報保護という名の壁(かべ)、行政機関間の壁などで、それらの貴重な支援情報が、利用者が成長し、たずさわる施設・機関が変わるたびに分断され、新たな場所ではほとんど最初から再構築されるということが珍(めずら)しくなかった。障害のあるすべての子どもに対する生活上の連続性を保障するためにも、子どもの発達に即(そく)した切れ目ない支援を実現することが求められている。

Step2

> **演習1** 行動を客観的に観察・分析してみよう

課題

　小学校入学後の支援計画を立てたり、保護者への日常生活上での助言をするうえで重要なのは、子どもの姿を客観的に見つめることである。実習などで保育現場に行ったときなどは、子どもの様子を冷静に見る目を養う絶好の機会である。

　心理学では、学習は「刺激」と「反応」の結びつきと説明される。また、適切な行動を増やすためには、生体が起こした適切な「行動」のあとに、生体に快をもたらす「報酬」が欠かせないとされている。逆に、不適切な行動を減らすためには、そうした「報酬」を与えないことが重要であるとされている。

　子どもたちがふだんの生活のなかで、どのような刺激や報酬によって、特定の行動を頻繁に起こすようになっているのか、その一端を行動観察の記録を通じて分析してみよう。

進め方

(1) 準備するもの

　記録用紙、筆記用具。観察をはじめる前に、記録用紙を作成・準備したほうがよい。あらかじめ見学・観察のポイントを決め、確認したうえでつくることが重要である。

(2) 方法

　実習時の保育現場など、子どもの姿を観察できる機会を利用する。自由場面を観察する場合、特定の子どもに観察対象をしぼる。観察時間を決めて、対象児にかかわってきた子どもと、そのはたらきかけ（言葉や身振りなどの刺激）とそれに対する反応を記録用紙に記述していく（**図表14-4**）。特定の集団活動の場合も同様であるが、指導者のはたらきかけや用いた教材などを記しておくと、結果を整理しやすい。さらに、指導者や保護者の同意が得られた際には、ビデオや音声の記録をすると、より詳細な分析が可能になる。

Step2 プラクティス

図表14-4 行動観察記録用紙の例

行 動 観 察 記 録 用 紙	観察対象者氏名（　　B 男　　）
日時：●月●日（●）　観察場所：■■■■■■　時間：●：●●～●：●●	
記入者：■■　■■	観察テーマ「■■■■■■■■■■■■■■」

時間	周囲からのはたらきかけ	対象児の反応	その他
●：●●	A男：ブランコ上から声かけ	B男：「絶対にいやー」	先生が不在
	「いっしょにブランコしよー」	（笑いながら、ふざけながら）	
	C男：B男の反応に怒り出す		先生が接近
	■■■■■■■■■■	■■■■■■■■■	■■■■
	■■■■■■■■■■	■■■■■■■■■	
	■■■■■■■■■■	■■■■■■■■■	
●：●●	■■■■■■■■■■	■■■■■■■■■	■■■■
	■■■■■■■■■■	■■■■■■■■■	

解説

　観察を繰り返すと、対象児が特定の子どもとよくかかわっていたり、逆に、別の子どもにはまったく接近しないなどの行動パターンを見いだせる。子どもの人間関係を本人に語ってもらうことは困難であるが、意識的であれ無意識的であれ、好意をもっている子どもとそうでない子どもの違いがわかることもある。また、ある特定の行動（不適切なふざけた行為など）が、ある子どもの笑いとして「報酬」の作用をもって強化（その行動の定着を進める）を受けていることが明らかになることもある。このように、行動の前後の文脈を見いだすことで、子どもの行動パターンを浮き彫りにできる。さらに、療育現場などでの観察が可能であれば、観察者は指導者のよりよいはたらきかけに気づくことができるだけでなく、さまざまな場面でも同じはたらきかけが通用するかを試すなど、さまざまな用い方ができる。

第14講　小学校等との連携

演習2　リソースルームを設計してみよう

課題

　小学校などでは、近年の少子化で、ふだんは使わない教室いわゆる空き教室などを利用してさまざまなことに活用している。その1つに「リソースルーム」がある。「リソースルーム」とは、一人ひとりのニーズに応じた支援を行うための部屋で、利用する子どもは必要な時期や時間帯、課題に合わせたプログラムにそって、自分のクラスから通ってくる。小学校などでは、通級教室にこうしたリソースルームを用いているところもある。リソースルームは、教室の内部をさらに活動の目的ごとに小さく区割りしたスペースにして用いることがある。これは、自閉症スペクトラム（ASD）の療育などで用いられる「空間の構造化」の概念をモデルとしたものである。ほかにも注意欠陥・多動性障害（ADHD）児などの療育でも、余計な刺激が目に入らないことで注意が持続しやすいことから有効とされる。

　ここでは、さまざまな障害のある子どもを想定して、自分なりのリソースルームを設計してみよう。

進め方

（1）準備するもの

　画用紙、筆記用具、色鉛筆や色紙など。あらかじめ、設計するリソースルームを利用する子どもの障害像や行動の特性などを想定しておくとよい。

（2）方法

　画用紙の上に机やいすのない、教室の枠を描く。そこに障害種別や活動ごとに使用目的を立て、室内を分割していく。それぞれのスペースの目的を画用紙に書き込みながら、目的とする活動に必要な備品や消耗品類を考え、同様に書き込んだり、色紙などで配置する物を作成し置いていく。

解説

　保育所などでは、現実的にリソースルームを設けることが困難な場合も多い。しかし、子どもの特性を考えながら環境への配慮を学ぶという学習は、保育所や幼稚園のクラス運営や教室づくりに大いに役立つはずである（**図表14-5**）。

Step2 プラクティス

図表14-5　リソースルームの例

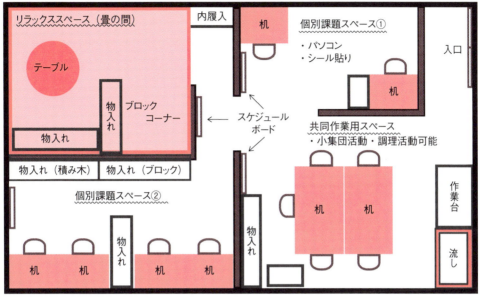

注：子どもの動きを想像しながら、画用紙面にリソースルームを自由に設計してみる。

Step 3

> 就学支援の実際――K小学校の取り組み事例の紹介

　最後に、福井県E市にあるK小学校における移行支援の独自の取り組みを紹介しながら、実際の小学校との連携における幼稚園・保育園の動きの重要性について考えてみる。K小学校は特別支援学級（特学）を2クラス有し、県内では比較的大規模な学校である。同校は先に紹介した県内統一様式の支援ツール「子育てファイルふくいっ子」を活用し、入学の半年前から具体的な移行支援を行っている。

　まず、入学前で特に注目されるのは、同校の特学担任らが自作する「入学応援ブック＜K小学校が大好きになる魔法の絵本＞」（図表14-6）による、親と子ども自身への直接の情報提供である。コンテンツには、「就学時健康診断ですること」「入学式リハーサルですること」などがある。この「ブック」の主たる目的は、入学までの見通しをもつこと、入学への不安を軽減してもらうことにある。入学2か月前には親との「入学相談会」が実施されている。あらかじめ生活・学習面などで気になることを記入してもらったアンケートをもとに行われ、その場で入学後に予想されるつまずきの検討がなされる。入学後にも、特学担任が1年生の通常学級に「出かける授業」を実施し、支援学級の紹介や共同制作活動を行うなど、低学年児童への理解啓発を行っている。

　こうした入学前にはじまる息の長い長期的支援の成果は、子どもと保護者には入学までの流れを直感的につかむことができ、新たな環境への対処不安を軽減する点にある。そして、教員には移行支援情報を見直す機会が増すことにもなる、非常に手厚くきめ細やかな先駆的取り組みである。ところで、小学校との連携という観点からあらためてこの内容を眺めてみると、こうした意欲的な支援が大きく結実するか否かは、幼保が大きな鍵を握っているように思える。つまり、この取り組みにみられる「入学応援ブック」の内容の選定や、「相談会」での事前アンケートの記入内容の精度は、保育担当者からの情報に大きく依存する。すなわち、幼保担当者は、特学担任が必要とする子どもの情報を、ふだんから冷静な目で的確につかみ、小学校との連絡会（引き継ぎ）において伝え、また、親に対しては生活面での様子をていねいに観察し伝える必要がある。小学校との連携は就学後の安定した学校生活に欠かせない架け橋といえる。

図表14-6 K小学校の特学担任により製作された「入学応援ブック」の一部

参考文献

- 会津力編著『発達障害児の心理学と育児・保育——就学前の発達が気になる子どもとその親へのサポート』おうふう，2009.
- 福井県教育委員会発達障害児教育推進チーム「特別な支援が必要な子どものための移行支援ガイドライン」2013.
- 福井県教育委員会発達障害児教育推進チーム編「特別な支援を必要とする児童生徒への指導・支援事例集」2013.
- 本間博彰監，村川哲郎・函館圏療育カルテ推進グループ編『自閉症の療育カルテ——生涯にわたる切れ目のない支援を実現する』明石書店，2010.
- 次良丸睦子・五十嵐一枝『発達障害の臨床心理学』北大路書房，2002.
- 水田純子「通常学級における発達障がい等特別なニーズを要する子への支援——子どものニーズに合わせた「早期の・チームによる・継続的な」支援を目指して」『第36回東海北陸地区特別支援教育研究大会発表資料』2014.
- 無藤隆・神長美津子ほか編著『幼児期におけるLD・ADHD・高機能自閉症等の指導——『気になる子』の保育と就学支援』東洋館出版社，2005.
- 榊原洋一『図解 よくわかる発達障害の子どもたち』ナツメ社，2011.
- 田中康雄監『わかってほしい！気になる子——自閉症・ADHDなどと向き合う保育』学習研究社，2004.

COLUMN　三位一体の就学支援

　2007（平成19）年に日本で特別支援教育が開始されてから10年以上の月日が流れ、障害のある子どもを取り巻く支援環境は着々と変わってきている。文部科学省の「平成29年度特別支援教育体制整備状況調査結果について」によると、平成29年度時点における全国の幼・小・中・高の校内委員会の設置状況は84%以上（平成19年度は約75%）、特別支援教育コーディネーターの配置も同様に86%（同約75%）を超え、個別の指導計画の作成に至っては92%超（同約45%）を示し、統計上の値の変化からは、わが国の初等教育から高等教育にかけての特別支援教育体制の枠組みが定まりつつあることをうかがわせる。

　この枠組みをより充実した内容にしていく取り組みも肝要である。本文内でもふれたとおり、幼保からの就学時移行支援において重要な役割を果たすのが校内委員会とそのなかでの特別支援教育コーディネーターの役回りである。特にコーディネーターは、支援対象に就学前から深くかかわる。現在、障害が疑われる子どもがいる場合、所属する幼保において特別支援学校のセンター的機能を活用し、巡回相談担当の教員から直接支援を受けていることも多い。

　入学前の特別支援学校による支援対象児の就学を見すえた指導と保護者に対する就学情報提供、就学予定校における校内委員会の受け入れを見すえた体制づくり、そして、それらを融合させるコーディネーターの力量、これら三位一体となった動きが保護者の信頼と納得を得やすい進路決定をうながすと思われる。

（水田敏郎）

第15講

福祉・教育における現状と課題

　障害児支援の目標は、地域で育ち、地域で暮らせる人を育てることである。育つ力の育成には、リハビリテーションなどの医療的支援の基盤として良質な保育が不可欠である。地域の子育て支援の拠点である保育所にも多くの障害児が在籍しその支援が求められている現在、保育士が障害児に関連する法制度を学ぶことは重要である。本講では、近年変化している障害児支援のための制度の変化を知り、地域での連携の意義やその課題について学ぶ。

Step 1

1. 障害に対する理念の変化

　障害児支援の最大目標は「障害の軽減」ではなく「育つ力の育成」「暮らす力の準備」であり、親・家族への育児支援や子どもが育つ地域の開拓(かいたく)である。

　1994(平成6)年にわが国が批准(ひじゅん)した児童の権利に関する条約(子どもの権利条約)でも、第23条で障害児の「尊厳の確保」「参加する権利」「社会への統合」「養護者への支援」を規定している。

　障害の改善を目的とした障害児療育は、このような理念の変化のなかで、障害があっても地域で育ち地域で暮らせる人を育てることへの支援を目標にするようになった。

　「歩けること」が自立した生活の絶対条件ではない。「言葉を話せること」がコミュニケーションのすべてではない。歩けなければ、言葉がなければ、幸せに暮らしていけない社会が問題なのだ。障害児の発達への支援は、障害が確定していない「気になる子ども」から生活に医療的支援が必要な重度の障害のある子どもも含めて、「どんな障害があっても地域で健やかに育ち豊かに暮らす」という社会モデルの支援に変化することが求められており、その基盤として保育の重要性が認識されてきている。

2. 障害児を取り巻く制度の変化

はじめに

　2014(平成26)年1月の障害者の権利に関する条約(障害者権利条約)の批准に向けて、わが国では障害児・者に対する国内法の整備が進んだ。2011(平成23)年に抜本改正(ばっぽんかいせい)された障害者基本法では、「障害」を「障害及び社会的障壁により継続的に日常生活又は社会生活に相当な制限を受ける状態」と定義し、社会の責任として、地域社会の環境整備や意識変革を求めた。また、2013(平成25)年に制定された障害を理由とする差別の解消の推進に関する法律(障害者差別解消法)では、差別的取り扱いの禁止に加えて社会的障壁の除去のための合理的配慮を求めており、今後児童施策や教育行政においても考慮されるべき課題である。

　このような障害福祉制度の変化に呼応して、児童福祉法の障害児関連部分は平成24年度に抜本的に改正され、後述する新たな事業や制度が創設された。また、2014(平成26)年に開催された「障害児支援の在り方に関する検討会」の報告書では、

障害児施策と子ども・子育て支援新制度との関係性を明確にしたうえで、「障害児は『子ども』として児童施策でまもられ、障害に特化した部分を障害施策で重ねて支援する対象」とされ、障害児施設は保育所などの児童施策の「後方支援」と位置づけられた。今後、障害者差別解消法にも関連して、保育を必要とする子どもであればどんなに重い障害があっても一般保育所で受け入れることになるため、保育所と医療機関、障害児施設との連携は不可欠となる。

以下、歴史を追って近年の障害児施策の変遷について述べる。

措置制度の終焉と利用契約制度のスタート

1951（昭和26）年の社会福祉事業法の制定以後、わが国の老人や児童、障害者の福祉は「措置制度」によって推進されてきた。措置制度は、福祉サービスの確保と提供を国や自治体の責任と位置づけ、その実施を自治体だけでなく民間（社会福祉法人）にも委託するという形で、戦後の社会福祉の発展を牽引してきた。

しかし、「障害者・児童・高齢者＝弱者」という構図を基盤にした施設福祉中心の制度は、ノーマライゼーションの流れのなかで批判され、利用者が事業者・行政と対等な形で契約し利用する制度が模索されてきた。その結果、2000（平成12）年に社会福祉基礎構造改革が行われ、児童福祉は契約制度に、高齢者福祉は公的介護保険制度に、そして3年遅れて障害者福祉は支援費制度に移行した。

しかし、「利用契約制度の幕開け」として期待された支援費制度は3年で終わり、平成18年度より障害者自立支援法がスタートした。障害者自立支援法は、財源を義務的経費（国または地方自治体の支払いが制度的に義務づけられている経費）として国・自治体の責任を明確にしたうえで、施設の障害種別を撤廃して「重度障害者支援＝介護給付」「自立・就労支援＝訓練等給付」「自立支援医療」「補装具」「地域生活支援事業」という5つの枠組みに分けて支援の方向性を明確にした。しかし、利用者に定額負担を求めたことなどが批判され、平成25年度から障害者の日常生活及び社会生活を総合的に支援するための法律（障害者総合支援法）に変更された。

平成24年度児童福祉法改正と新たに登場した事業

障害児関連の法制度では、障害者基本法にはじめて児童の条項が設けられ（第17条「療育」）、児童福祉法における障害児部分も抜本的に改正された。

まず、障害児のなかに「最大の障害群」と考えられる「自閉症等の発達障害」が含められ、福祉制度の恩恵を受けられるようになった。

そして、「障害種別に分かれていた障害児施設の一元化＝児童発達支援センター

への移行」をはじめ、地域で育つ障害児とその周辺児への訪問・巡回型支援である「保育所等訪問支援」、障害児支援にケアマネジメント手法（発達や生活上のニーズの充足のために適切なサービスを結びつけ、地域での育ちを支援する手法）を導入する「障害児相談支援」などが創設された。また、障害児施策から分離されて障害者自立支援法に位置づけられていた児童デイサービスが児童福祉法に戻され、「児童発達支援（就学前）」と、はじめての障害児対象の放課後活動支援である「放課後等デイサービス（就学後）」となり、障害児への支援施策は大きく変化し前進した（**図表15-1**）。

（1）児童発達支援センター

児童福祉法改正により、知的障害、肢体不自由、難聴に分かれて利用しにくかった障害児通園施設が一元化されて児童発達支援センターとなり、身近な地域で支援が受けられるようになった。保育などの子育て支援機能を共通基盤にして個々の子どもに合わせた専門的支援を提供できるようになり、従来の障害児施設が目標としていた「機能改善の努力＝医学モデル」に加えて「障害があっても、子どもの育つ力、地域で生きる力を育てる努力＝社会モデル」が重要な目標となった。なお、医療職中心の職員配置で保育士の配置基準がない肢体不自由児通園施設が医療型児童発達支援センターとして存続した。

「児童発達支援センター」という名称は、厚生労働省障害部局の事業としてはじめて「障害」や「〜不自由」「通園・通所」などの語句が使用されていない施設名称であり、事務処理要領にも障害の確定や手帳の所持を求めていない。まさに、身

図表15-1 児童福祉法改正による障害児施設・事業の一元化

【障害者自立支援法】【市町村】		【児童福祉法】【市町村】
児童デイサービス	通所サービス	**障害児通所支援**
【児童福祉法】【都道府県】		・児童発達支援
知的障害児通園施設		・医療型児童発達支援
難聴幼児通園施設		・放課後等デイサービス
肢体不自由児通園施設（医）		・居宅訪問型児童発達支援
重症心身障害児・者通園事業（補助事業）		・保育所等訪問支援
知的障害児施設 ・知的障害児施設 ・第一種（医）／第二種自閉症児施設	入所サービス	【都道府県】 **障害児入所支援**
盲ろうあ児施設 ・盲児施設　・ろうあ児施設		・福祉型障害児入所施設 ・医療型障害児入所施設
肢体不自由児施設 ・肢体不自由児施設（医） ・肢体不自由児療護施設		（医）とあるのは医療の提供を行っているもの
重症心身障害児施設（医）		

資料：厚生労働省「障害児支援施策の概要」をもとに作成。

近な地域で利用できる、障害の種別を問わない、さらに障害の有無すら問わない、発達支援が必要な子どもすべてを対象にした新時代の通園施設になったといえる。小規模かつ職員配置基準がゆるやかな児童デイサービスの就学前の部分は「児童発達支援」となったが、その内容や目的は児童発達支援センターと同様である。

「児童発達支援ガイドライン」が作成されているので参考にされたい。

（2）放課後等デイサービス

厚生労働省障害部局にとって、はじめての障害児の放課後活動支援事業である。

放課後（もしくは休日や長期休暇中など）は、子どもが学校や家庭以外の場所で、友人などとのかかわりや活動を通してさまざまな課題にチャレンジし、成人期に向けて多くのことを学び準備する大切な時間である。

障害児に対する放課後支援は、単に「放課後の預かり＝保護者の就労支援や休息」という目的ではなく、情動的に安定し外部の世界への関心や好奇心が高まる学童期や、社会性が発達し親からの自立が課題となる思春期という重要な時期に、さまざまな活動経験を通して成人期の自立した生活を準備する事業として重要である。

「放課後等デイサービスガイドライン」が作成されているので参考にされたい。

（3）保育所等訪問支援

個別給付で実施するはじめての訪問型事業である。児童発達支援センターなどの専門機関の訪問支援員が、子どもが通っている保育所や学校などを訪問して日常活動の場で現場の職員とともに指導し（直接支援）、保育士や教員などに情報提供や接し方、環境整備などの助言を行うもの（間接支援）であり、障害児の地域での育ちを障害児施設と地域機関の連携のもとで支援することを目標としている。

自閉症等の発達障害児のさまざまな問題は地域の集団のなかで起こる。障害児施設の設定された環境のなかで、専門職によって指導されているときには改善されたかにみえる問題が、刺激の多い保育所や学校では再び出現する。また肢体不自由の子どもたちも、介助の仕方や机やいす、トイレ、玩具などの工夫が必要である。一般保育所などで育ちを支援するために専門機関からの支援を積極的に利用していきたい。

（4）障害児相談支援

障害児相談支援事業によって導入されたケアマネジメント手法は、さまざまな地域機関の協力・連携（横の連携）を前提にし、乳幼児期から学齢期、そして成人期へとライフステージを通した連携（縦の連携）を可能にする。そのため、障害児支援においては、「連携の接着剤」として不可欠なツールである。

従来の障害児支援は、かかわる職員の個人的力量に依存する「職人芸」によって

進められてきた。そのため、担当が替わったり施設を移ったりすると支援の質が変化するなどの問題があった。また、保育所や障害児通園施設から就学するときの情報の引き継ぎのとぼしさにも批判が多かった。本事業の導入によって、子どもの状態と家庭や地域の環境などを考慮した支援計画を作成し、施設外部からのチェック機能を駆使することで、サービスの普遍性や一貫性の保障が期待できる。

　都道府県から指定を受けた障害児相談支援事業所は相談支援専門員を配置し、利用児の心身の状況、保護者の意向や子どものおかれている環境などを把握（アセスメント）したうえで、医療、福祉、教育などを総合的に勘案して支援のガイドラインである「障害児支援利用計画案」を作成する。市町村がその計画案に対して給付を決定したあとにサービスが開始される。障害児支援事業者はその後、定期的なモニタリング（継続サービス利用支援）も実施することになる（**図表15-2**）。

　保育所と障害児施設との連携の窓口ともなる事業であるので、保育所等訪問支援事業の利用希望などの際には保護者を通して連絡を取り合うことで支援の輪を広げていくことが必要である。

特別支援教育

　ノーマライゼーションの流れのなかで、「分離教育」と批判されてきたわが国の障害児教育は、2007（平成19）年、従来の特殊教育（盲・聾・養護学校、特殊学級、通級指導）の対象児童に加えて、通常学級に在籍する学習面や行動面で著しい困難を有する自閉症等の発達障害やその周辺の児童（文部科学省による実態調査によれ

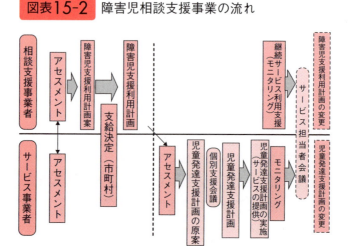

図表15-2　障害児相談支援事業の流れ

資料：厚生労働省「相談支援体制の充実・障害児支援の強化等」を一部改変。

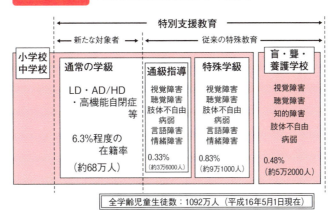

図表15-3 特別支援教育開始時の構図

資料：文部科学省「特別支援教育資料（平成16年度）」を一部改変。

ば通常学級の6.5%[*1]）も支援の対象とした特別支援教育に転換した（**図表15-3**）。対象は当初小中学校のみであったが、近年、高等学校や幼稚園にも拡大している。

特別支援教育では、「校内委員会」を設置して通常学級在籍児も対象に特別な支援が必要な児童・生徒に対する支援を協議し、地域の専門機関からの専門家チームの協力も得て、学校ぐるみ、地域ぐるみの教育的支援を進める。加えて、各学校に「特別支援教育コーディネーター」を指名して児童・生徒だけでなく、保護者の相談や関係機関との連絡調整の役割も担わせた。また、一貫性をもった学校ぐるみの教育的支援のツールとして「個別の教育支援計画」を作成する。

2013（平成25）年8月には、障害者権利条約の批准に向けて学校教育法施行令が一部改正され、従来は特別支援学校への就学が原則とされていた障害のある児童・生徒の就学先について障害の状態などをふまえた総合的な観点から決定するしくみが導入された。

[*1] 文部科学省「通常の学級に在籍する発達障害の可能性のある特別な教育的支援を必要とする児童生徒に関する調査結果について」2012.

Step 2

> **演習** 自閉症スペクトラム障害の診断を受けた園児に対する、保育所としての対応と地域機関との協力体制を考えてみよう

課題

① 障害診断後の保護者の気持ちを支え、今後の対応について意思確認をする。
② 子どもへの適切な対応ができるよう、担当保育士だけでなく保育所全体で「自閉症（および関連する発達障害）」の障害像や対応方法について学習する。
③ 障害児相談支援事業所と協力して、対象児を中心にした関係機関のネットワークをつくる。
④ 保育所等訪問支援などを利用して保育所での具体的な対応を進める。
⑤ 就学に向けて、学校や教育委員会との協力体制をつくる。

進め方

① 保護者は、障害が明らかになったことにより絶望感や苦悩、将来への不安などで頭がいっぱいになっていると考えられる。子どもと日常的にかかわる保育所として、保護者の気持ちに寄り添い、地域の専門機関と協力して（**Step 1**で示された諸事業を念頭に入れて）最大限の支援をすることが必要である。障害を理由にした退園の勧奨は保護者の不安感を助長するだけでなく、就労の継続を困難にして家族の生活基盤をゆるがせる。その点を考慮した対応が必要である。
② 担当保育士だけでなく保育所全体で障害の理解や対応方法についての研修を進める。自閉症等の発達障害については、近年多くの書物や資料が発行されており、各地で研修会も開催されているので積極的に利用するべきである。また、診断した担当医からの話を聴いたり、保育所等訪問支援の利用によって専門施設から職員派遣を受けたりするなどの方法も考慮するべきである。自閉症等の発達障害への対応に習熟することは、近年増加している同様の症状を呈する子どもたちへの保育に役立つだけでなく、子どもの発達全般についての理解が深まり、一般保育の質の向上にもつながる。
③ 上記②の専門施設との連携を進めるうえで、障害児相談支援事業所との協力は不可欠である。障害児相談支援事業は、保護者が福祉サービスを利用する意思がある場合に、子どもの状態や家族の希望などを評価（アセスメント）し、必要な

サービス提供に向けた計画案を立てる（障害児支援利用計画）。市町村がその計画を適当と判断してサービス提供が決定されれば、保護者と事業所が契約してサービスが開始される。また、児童発達支援センターとの間には保育所に籍をおいたまま週1～2回程度児童発達支援も利用できる「並行通園制度」もあり、保育所に通いながら専門機関で定期的な指導も受けることができる。

④　保育所等訪問支援の利用にあたっては、保護者と事業所の間で契約をしてもらったあとに、保育所は事業所と連絡を取り合う。対象児の日常活動場面を観察してもらって具体的な問題点を確認し合うとともに、問題となる行動の理由や対処の仕方についてアドバイスを受ける。保護者の障害理解や受け入れ（受容）が進んでいない場合には利用契約に結びつかないので注意を要する。

⑤　対象児が就学前年になれば、進学先についての保護者の意向をふまえたうえで教育委員会や教育支援（就学指導）委員会などに保育所での状況についての情報を提供する。就学前後には、就学先の学校や担任教師への引き継ぎを行い、入学後に問題が起きた場合には保育所での対応を伝達する。この間の協力や情報伝達のマネジメントも障害児相談支援事業所の役割である。

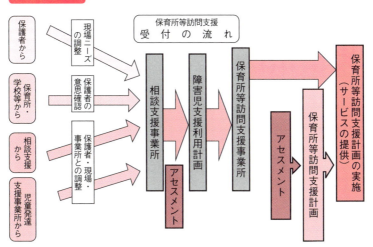

図表15-4　保育所等訪問支援利用までの流れ

Step3

障害児施設と保育所の連携と地域ネットワークの構築

　Step 1、Step 2 では障害児支援にかかる諸事業の概要、重要性や利用の仕方について述べたが、Step 3 では保育所などの子ども・子育て現場に視点をおいて地域ネットワークの構築の重要性や課題について述べる。

障害児を取り巻く地域機関のネットワークの構築

　「教育─福祉─医療─行政の連携」は、何十年も昔から重要といわれ続けているにもかかわらず、いまだに「課題」であり続ける難しいテーマである。

　しかし、文部科学省の平成24年度実態調査では、通常学級に学習面や行動面に著しい困難を示す児童生徒が約6.5％存在し、特別支援学校や特別支援学級在籍児童生徒を加えれば10％以上の子どもが特別な支援を求めている状況がある[*2]。

　また、文部科学省の「特別支援教育資料（平成29年度）」では、平成29年度小中学校特別支援教育対象児は「通級指導：約10.9万人」「特別支援学級：約23.6万人」「特別支援学校：約7.2万人」と発表されており、平成16年度の同資料のそれぞれ3.6万人、9.1万人、5.2万人と比較すると、小中学生全体数が114万人減少しているにもかかわらず、対象児は激増し、その比率は平成16年度の1.6％から平成29年度の5.0％に増加している。

　通常学級の指導力の問題や保護者の意識などの変化はあるにせよ、保育所在籍児においても同じ状況が起こっていると考えられる。

　同世代人口の10％以上が支援を必要としている現状を鑑みれば、「障害児施設のみでの支援」は現実的ではない。また、診断を受けていない子どもが診断を受けている子どもより多いという状況は、多くの場合保育所や通常学級に在籍したまま診断も受けずに支援を開始しなければならないことを意味している。ここに、地域ネットワークが不可避な理由がある。つまり、障害児施設は永年培ってきた専門知識や技術を保育所や学校に提供し、保育所や学校は保護者が障害に気づいていない（みとめていない）子どもたちにも医療機関や障害児施設と協力しつつ適切な支援を提供しなければならない状況がある。

　専門施設と保育所との連携体制の構築について、以下に姫路市における取り組みを紹介する。

[*2]　*1に同じ

○姫路市における保育所の「発達支援コーディネーター」配置による連携の推進

　姫路市では、1990（平成2）年の市立児童発達支援センター開設当初から公立保育所を中心に保育所巡回相談事業を実施し、障害が確定していない「気になる子ども」に対する指導助言を行ってきた。巡回指導は現場の保育士のスキルアップにつながり、保育所だけでも適切な対応ができるケースが増えてきている。しかし、保育所での「気になる子ども」はますます増加傾向にあり、平成25年度は例年の2倍近い対象児が巡回相談リストに上がってきた（355人）。すでに障害が確定した子どもも多数在籍しているなか、担当者が自分の保育内容に自信をもって、1つのケースへの支援をほかの園児にも応用できるようになるなど、より効率的に支援を広げる方策が必要となっていた。

　そこで、姫路市役所保育課も協力して、公立・民間の各保育所にセンターや他機関との連携のキーパーソンとして活動してもらう「発達支援コーディネーター」を任命した。

　コーディネーターは、「障害児やその周辺児への支援」の中心となり、「センターへの相談の必要性の判断」「巡回訪問後の担任への指導援助」「訪問支援員とのコーディネート」「地域連携の窓口」など、保育所における障害児（およびその周辺児）の支援の中心的役割を担ってもらうことにした。コーディネーターの支援力や調整力を向上させるために、センターが情報提供や連絡会議、研修会、事例検討会などを実施することで、姫路市の保育所全体のスキルアップにつながるように取り組んでいる。

障害児とその周辺の「気になる子ども」に対する子育て支援事業の利用

　子ども・子育て支援新制度においても、障害児が在園する幼稚園への財政支援や保育所への保育士加配、居宅訪問型保育の実施などの支援策が考慮されている。しかし、障害の確定診断がない場合には利用しにくく、かつ障害児施策にもつなげにくいため、一般的な子育て支援事業を利用した支援が各地で検討されている。

　以上、Step 3では、保育所を舞台にした障害児支援における児童発達支援センターなどの専門機関との連携のもち方について論じた。障害者の権利に関する条約の時代において、「障害があっても地域で育ち大人になれば地域で暮らす」という課題は、「理想」ではなく「現実」であり「地域社会の義務」となった。

　障害児だけでなく子どもにかかわるすべての機関や職員が、機関間の壁を取り除き胸襟を開いて「障害児支援＝すべての子どもの支援に臨む」時代が到来した。

　"child first（子どもをまもり育てることが最優先）"の"child"には当然「障害のある子ども"child with disability"」が含まれるということを確認して本講を終える。

参考文献

- 宮田広善『子育てを支える療育──〈医療モデル〉から〈生活モデル〉への転換を』ぶどう社，2001.
- 厚生労働省社会・援護局障害保健福祉部障害福祉課/地域移行・障害児支援室「障害保健福祉関係主管課長会議資料（平成23年10月31日）」pp.122〜154，2011.
- 厚生労働省障害児支援の在り方に関する検討会「今後の障害児支援の在り方について（報告書）──「発達支援」が必要な子どもの支援はどうあるべきか（平成26年7月16日）」2014.
- 中央教育審議会「特別支援教育を推進するための制度のあり方について（答申）（平成17年12月8日）」2005.
- 杉山登志郎『発達障害のいま』講談社，2011.
- 全国児童発達支援協議会「平成25年度障害者総合福祉推進事業報告書「障害児通所支援の今後の在り方に関する調査研究」」2013.

COLUMN　障害を理由とする差別の解消の推進に関する法律（障害者差別解消法）

　障害を理由とする差別の解消の推進に関する法律（障害者差別解消法）は、障害に基づく差別を禁止し平等な機会を保障して障害者が社会で尊厳をもって生活できることを目的に、2013（平成25）年6月の国会で成立、2016（平成28）年から施行された。その内容は、①障害を理由にした差別的取り扱いや権利侵害の禁止、②社会的障壁を取り除くための合理的配慮（例：精神障害者へのラッシュ時間を避けた出勤時間の設定、車いすの利用者へのスロープの設置など）、③差別や権利侵害の防止に向けた啓発や広報の義務（国）などである。

　本法律は、障害のある人たちだけのものではなく、障害のある・なしにかかわらずだれもが分けへだてされずに互いを尊重し、育ち、暮らし、学習し、働ける豊かな共生社会の実現をめざしている。

　障害者の雇用問題や都市のバリアフリー化などだけでなく、障害児の保育所への受け入れ（障害を理由にした入園拒否の禁止など）や保育所・学校のバリアフリー化などにも影響を及ぼす重要な法律である。

（宮田広善）

参考資料

参考資料1 保育所と児童発達支援の1日の流れ

時間	保育所 3歳未満児	保育所 3歳以上児	福祉型児童発達支援センター	重症心身障害児（者）向け児童発達支援・生活介護事業
7:30	順次登園・健康観察	順次登園・健康観察		
8:35	各保育室へ入室 身の回りの始末 排泄・おむつ交換	各保育室へ入室 身の回りの始末 生活指導		
9:45	手洗い・おやつ・口拭き	朝のあいさつ	登園	
10:00	朝のあいさつ 遊び 週計画による保育活動	遊び（交流保育） 週計画による保育活動	朝のお集まり	朝の会
10:10				身体運動・入浴（特殊浴槽）
10:25			保育	
11:00	排泄・おむつ交換 手洗い・食事・口拭き・片づけ	排泄 手洗い・食事準備 食事	排泄・休憩	
11:05				
11:15			保育	
11:45				昼食
11:55			給食	
12:30	歯磨き（2歳児のみ） 排泄・おむつ交換 昼の健康観察・着替え	片づけ・歯みがき 当番活動（5歳児）・午睡準備 昼の健康観察		
12:45	絵本の読み聞かせ	絵本の読み聞かせ	リラックスタイム・自由遊び	リラックスタイム
13:00	午睡	午睡		
13:45			保育・おやつ 帰りのお集まり	
14:00				集団活動
14:40				帰りの会・おやつ・水分摂取
14:45	目覚め	目覚め		
15:00	排泄・おむつ交換 着替え 手洗い・おやつ・口拭き 降園準備 個別検査	排泄 着脱 手洗い・おやつ・うがい 降園準備 個別検査		
15:30	帰りのあいさつ	帰りのあいさつ		帰宅
16:00	降園（延長保育は7時まで）	降園（延長保育は7時まで）		

参考資料2　障害特性別にみた障害児の就学前通園施設の環境整備

環境整備上の配慮点［具体例］　▲：最低限必要な整備、■：標準整備、▼：推奨される整備

知的障害児にとって

▲感覚統合遊具（大型遊具）で活動できる広さや形状の遊戯室とする。また、大型遊具が収納できる収納スペースを設ける。
［複数の大型遊具が設置できる広さの遊戯室とする。また、吹き抜け空間として開放感を持たせる。その際、一部の天井は低くしてフックを吊るせるようにする。遊戯室の収納スペースは大型遊具の大きさや分量に配慮して設ける。］
▲手洗い場やトイレ等の衛生設備を保育がしやすい位置関係とする。
［手洗いや排泄指導のために、保育室内または保育室に隣接して衛生設備を設ける。］
■必要な物品量の把握を基に収納スペースを確保する。
［教材や遊具、衣類等で求められる収納スペースの配置や大きさが異なる。それぞれの物品量の把握を基に必要な収納スペースを整備する。また、保育室内の収納スペースは教材や遊具等がこどもの視界に入らず、保育者が取り出しやすいつくりとすることが望ましい。］

障害特性によらず

▲保育室、廊下、遊戯室等の主な活動スペースの広さ感の演出をする。
［一部の天井を高くすることや、保育室どうしをつなげる開口部を用いること等で、広さ感を演出できる工夫をする。また、保育室にゆとりがない場合には、食事室等を設けて活動規模ごとに活動場所を分散させる。］
▲こどもの移動のしやすさと安全性を確保する。
［バリアフリーとして段差をなくす。クッション性の床とする。］
■保育室内でも感覚統合遊びができるようにする。
［保育室の天井にハンモック等がつるせるフックを設ける。また、一部の天井を高くして小さな一人用トランポリンなどで遊べるようにする。］
■保育室から園庭に出やすい位置関係とする。
［保育室と園庭を対面させる。また、こどもたちの玄関と園庭との位置を近接させることで、こどもたちの下足の持ち運びがしやすいようにする。］
■障害対応や排泄支援がしやすい広さや設えのトイレとする。
［知的障害児の場合にはトイレ内にベンチを置いて着脱しやすいようにする。肢体不自由児の場合にはおむつ交換する台を複数設ける。］
■施設の立地条件に配慮する。
［保護者の施設へのアクセスが容易で、地域との交流がとりやすい立地が望ましいが、施設の立地や開放性には課題が残る。］
▼保育室内の音環境に配慮する。
［保育室内の活動が制限されないよう、遮音性や吸音性の高い壁や床の素材とする。］
▼障害の重度・重複化に対応できるようにする。
［個別指導室を設ける。］
▼落ち着ける場所をつくる。
［クールダウンスペースやスヌーズレン室などを設ける。］

肢体不自由児にとって

▲肢体不自由児が移動しやすく、保育者や看護者が保育・看護しやすい室配置とする。
［肢体不自由児でも移動しやすいように、保育室と遊戯室または訓練室を隣接させる。また、保育室から隣の保育室へとつながる扉を設けるなど、支援者どうしの連携や保育室の開放性を高める。］
▲採光がとれる開放的で明るい保育室とする。
［保育室を南面させて明るさを確保する。また天窓を設ける。ただし、こどもの症状によっては光刺激に敏感なため、こうしたこどもがいる保育室では採光を調整できる設備も必要である。］
■通園児のニーズの変動に対応できる機能訓練室の設置。
［施設の実情に合わせて機能訓練室の数や広さを調整する。通園児のニーズの変動に対応できるように、機能訓練室に可動間仕切りや可動式家具を設ける。］
▼外部との接点を設ける。
［保育室と園庭との間に半屋外空間（テラスなど）をつくることで、肢体不自由児でも外部空間を感じながら活動できるようにする。］
▼施設の利用人数に配慮した駐車場を設ける。
［敷地に余裕がある場合は、保護者の送迎の際に混雑しない広さの駐車場を設ける。］

出典：古賀政好・山田あすか「アンケート調査を主とした就学前障碍児通園施設の運営実態と保育者による環境ニーズ」『日本建築学会計画系論文集』第79巻第695号，2014．を一部改変

索引

あ～お

ICIDH 2
ICF 2, 122
愛着 84
愛着修復プログラム 85
愛着障害 84
アスペルガー，H. 69
attachment 84
安全 122
アンビバレンス 155
ESD 78
医学モデル 2
育児放棄 84
医行為 130
移行支援 175
移行支援ガイド 169
医師法第17条，歯科医師法第17条及び保健師助産師看護師法第31条の解釈について 130
1歳6か月児健診 96, 138
医療機関 161
医療的ケア児 17, 81
インクルーシブ保育 16
インクルージョン 7
インテグレーション 7
ウイング，L. 69
ウェクスラー 30
AAC 82, 88
ASD 69
ADHD 68
ABR 90
ABA 78
SMA 30
LD 69
応用行動分析 78
大島の分類 80
ODD 77
親の会 163

か～こ

学習障害 69
拡大代替コミュニケーション 82, 88
学校教育法 3
カナー，L. 69
感音難聴 55
感覚・運動遊び 107
感覚機能 64
聞こえにくさ 62
吃音 58
気になる子ども 7, 24, 150, 160, 195
基本的生活習慣 106
虐待 84
教育機関 163
教育・保育施設等における事故防止及び事故発生時の対応のためのガイドライン 124
きょうだいへの支援 157
協働 134
居宅介護 163
居宅訪問型児童発達支援 18
筋ジストロフィー 30
痙直型脳性麻痺児 30
ケースカンファレンス 142
ケラー，H. 59
健康 122
言語障害 57
言語性知能 30
言語発達 58
行為障害 77
構音障害 57
校内委員会 177
合理的配慮 12, 18, 22, 24, 125
交流保育 110
国際障害分類 2
国際生活機能分類 2, 122
こころの変化の過程 148
子育てファイルふくいっ子 169, 182
子ども・子育て新制度 13, 195
子どもの権利条約 186
個別の支援計画 95
混合難聴 55

さ～そ

差別的取扱い 24
3歳児健診 96, 138
CD 77
支援費制度 6
視覚障害 52
視覚誘発電位 90
色覚障害 52
色盲 52
市区町村子ども家庭総合支援拠点 162
自助グループ 156
JIS 絵記号 88
施設病 84
自尊感情 118
肢体不自由 28
肢体不自由児 28
…の困難 32
…の実態把握 34
市町村福祉課 162
市町村保健センター 161
児童虐待 85
指導計画 94
児童相談所 162
児童の権利に関する条約 186
児童発達支援 18
児童発達支援ガイドライン 18
児童発達支援事業所 162
児童発達支援センター 138, 162, 188
児童福祉施設 4
児童福祉法 186
自閉症スペクトラム障害 69, 192
社会的障壁 17, 19
社会的不利 2
社会モデル 2
視野狭窄 52
弱視 52
視野障害 52
就学 172
就学支援 184
就学相談 173
就学通知 174
就学判断 174
就学前通園施設 213
重症心身障害児 80
巡回指導 169
障害 2
障害支援区分 12
障害児支援 186
障害児支援機関 162
障害児支援の在り方に関する検討会 186
障害児支援利用計画案 190
障害児相談支援 189
障害児通所支援 13
障害児等療育支援事業 163
障害児入所支援 13
障害児入所施設 162
障害児保育事業実施要綱 4
障害者基本法 16, 186

障害者権利条約	12,186
障害者差別解消法	12,186,196
障害者自立支援法	187
障害者総合支援法	6,187
障害者団体	163
障害者の権利に関する条約	12,186
障害者の日常生活及び社会生活を総合的に支援するための法律	6,187
障害受容過程	151
障害程度区分	12
障害を理由とする差別の解消の推進に関する法律	12,186,196
自立活動	31
事例検討会	102
神経科学	76
神経伝達物質	76
身体障害者	28
身体障害者手帳	28
身体障害者福祉法	28
身体障害者福祉法施行規則	56
心的外傷後ストレス障害	85
人的環境	108
身辺自立	106
心理的障壁	19
スーパーバイザー	143
スピッツ，R. A.	84
スモールステップ	48
成育歴	96
生活動作	112
精神疾患の診断・統計マニュアル	40
精神遅滞	40
精神薄弱児施設	4
精神薄弱児通園施設	4
声道	57
制度的障壁	19
世界保健機関	2
脊髄性筋萎縮症	30
セルフ・ヘルプ・グループ	156
セロトニン	76
全体的な計画	94
相談機関	162
相談支援事業所	162
相談歴	96
その他の特別な配慮を必要とする子ども	84
措置制度	6,187

た〜と

ダウン症候群	45
滝乃川学園	14
縦の連携	13,161
WHO	2
短期入所	163
地域ネットワーク	194
地域の専門機関	160
知的機能	40
知的障害	40
知的障害児施設	4
知的能力障害	40
注意欠陥（欠如）・多動性障害	68
聴覚障害	54
聴覚補償機器	56
超重症児スコア	81
聴性脳幹反応	90
重複障害	59
通級指導教室	174
通常学級	174
DSM	40
DQ	87
適応機能	40
伝音難聴	55
統合保育	7,109
統合モデル	2
動作性知能	30
ドーパミン	76
特別支援学級	174
特別支援学校	163,174
特別支援教育	7,172,190
特別支援教育コーディネーター	103,176,191
特別支援教育資料	37,194
特別支援教育体制	172
ドローター，D.	148

な〜の

難聴者	54
ニィリエ	6
二次障害	77
日常生活能力	41
日常生活能力水準	42
二分脊椎	30
日本工業規格	89
乳児健診	138
認定特定行為業務従事者	83
ネグレクト	84
ノーマライゼーション	5
ノルアドレナリン	76

は〜ほ

発達支援コーディネーター	195
発達指数	87
発達障害	68,142
発達障害者支援センター	162
発達障害者支援法	7,68,142
発達評価法	86
バンク-ミケルセン	6
反抗挑戦性障害	77
Handicap	2
反応性愛着障害	84
ピア	156
ピアサポート	156
ピアジェ，J.	30
PIQ	30
PTSD	85
ヒヤリハット	124
VIQ	30
VEP	90
福祉事務所	162
物理的障壁	19
ブラインドウォーク	60
フラッシュバック	85
分離保育	7,109
ペアレント・プログラム	158
並行通園	110
ヘレン・ケラー	59
保育カウンセラー配置事業	169
保育元年	4
保育指針	134,144
保育所等訪問支援	13,18,189
保育所等訪問支援利用までの流れ	193
保育所保育指針	134,144
保育所保育指針解説	135
放課後等デイサービス	13,189
包容	16
ボウルビィ，J.	84
ホームヘルプサービス	163
保健機関	161
保健所	161
保健センター	138
保護者や家庭に対する支援	148
ホスピタリズム	84

ま〜も

盲	52
盲唖院	14

盲学校 ………………………… 163
問題行動 ……………………… 118

や〜よ

薬物療法 ………………………… 76
養護学校の義務化 ……………… 5
様式 ……………………………… 98
横の連携 …………………… 13,161
与薬 …………………………… 130

ら〜ろ

リーチング ……………………… 64
リソースルーム ……………… 180
療育歴 …………………………… 96
連携 …………………………… 134
聾学校 ………………………… 163
聾者 ……………………………… 54

新・基本保育シリーズ

【企画委員一覧】（五十音順）

◎ 委員長　○ 副委員長

相澤　仁(あいざわ・まさし)	大分大学教授、元厚生労働省児童福祉専門官
天野珠路(あまの・たまじ)	鶴見大学短期大学部教授、元厚生労働省保育指導専門官
石川昭義(いしかわ・あきよし)	仁愛大学教授
近喰晴子(こんじき・はるこ)	東京教育専門学校専任講師、秋草学園短期大学特任教授
清水益治(しみず・ますはる)	帝塚山大学教授
新保幸男(しんぽ・ゆきお)	神奈川県立保健福祉大学教授
千葉武夫(ちば・たけお)	聖和短期大学学長
寺田清美(てらだ・きよみ)	東京成徳短期大学教授
◎西村重稀(にしむら・しげき)	仁愛大学名誉教授、元厚生省保育指導専門官
○松原康雄(まつばら・やすお)	明治学院大学学長
矢藤誠慈郎(やとう・せいじろう)	岡崎女子大学教授

(2018年12月1日現在)

【編集・執筆者一覧】

編集

西村重稀（にしむら・しげき）	仁愛大学名誉教授、元厚生省保育指導専門官	
水田敏郎（みずた・としろう）	仁愛大学教授	

執筆者（五十音順）

青井利哉（あおい・としや）	福井医療大学講師	第4講
青井夕貴（あおい・ゆうき）	仁愛大学准教授	第12講
大平　壇（おおひら・だん）	福岡教育大学教授	第3講
乙部貴幸（おとべ・たかゆき）	仁愛女子短期大学准教授	第9講・第10講
光真坊浩史（こうしんぼう・ひろし）	品川区立品川児童学園施設長、元厚生労働省障害児支援専門官	第2講・第13講
武居　渡（たけい・わたる）	金沢大学教授	第5講
中尾繁史（なかお・しげのり）	仁愛女子短期大学講師	第9講
西村重稀（にしむら・しげき）	（前掲）	第11講
水田敏郎（みずた・としろう）	（前掲）	第6講、第7講、第14講
水野友有（みずの・ゆう）	中部学院大学准教授	第1講
宮地弘一郎（みやじ・こういちろう）	信州大学准教授	第5講
宮田広善（みやた・ひろよし）	姫路聖マリア病院・重度障害総合支援センタールドセンター長	第15講
森　俊之（もり・としゆき）	仁愛大学教授	第6講・第8講

協力

第7講…大﨑忠久（福井県教育庁高校教育課/特別支援・発達障害児教育グループ主任）
第12講…山口惠子（NPO法人はるもにあ）

障害児保育
新・基本保育シリーズ⑰

2019年2月20日　初　版　発　行
2021年1月10日　初版第2刷発行

監　修	公益財団法人 児童育成協会
編　集	西村重稀・水田敏郎
発行者	荘村明彦
発行所	中央法規出版株式会社
	〒110-0016 東京都台東区台東3-29-1　中央法規ビル
	営　業　　　　　Tel 03(3834)5817　Fax 03(3837)8037
	取次・書店担当　Tel 03(3834)5815　Fax 03(3837)8035
	https://www.chuohoki.co.jp/
印刷・製本	株式会社アルキャスト
装　幀	甲賀友章(Magic-room Boys)
カバーイラスト	山本伊豆子(社会福祉法人 富岳会)
本文デザイン	タイプフェイス
本文イラスト	小牧良次(イオジン)

定価はカバーに表示してあります。
ISBN978-4-8058-5797-7

本書のコピー、スキャン、デジタル化等の無断複製は、著作権法上での例外を除き禁じられています。また、本書を代行業者等の第三者に依頼してコピー、スキャン、デジタル化することは、たとえ個人や家庭内での利用であっても著作権法違反です。

落丁本・乱丁本はお取替えいたします。

本書の内容に関するご質問については、下記URLから「お問い合わせフォーム」にご入力いただきますようお願いいたします。
https://www.chuohoki.co.jp/contact/